ディズニー
おもてなしの神様が
教えてくれたこと

Disney ; What the Master of
Hospitality Taught Me

鎌田 洋
Kamata Hiroshi

見てごらん！
これほどたくさんの嬉しそうな顔を
今まで見たことがあったかい？
これほど大勢の人たちが、
心から楽しんでいるところを。

――ウォルト・ディズニー

時を超える魔法

大切な「思い出」は、いつもディズニーと共にあった——。

東京ディズニーリゾートのことを、そんなふうに表現するゲストは少なくない。

「思い出」というのは「遊んだこと」だけを指すのではない。自分の人生にとって大切な「ハピネス（幸福感）」という宝物が詰まっている場所。その宝物と再会するために訪れたくなる場所なのだ。

それはまるで、友人、家族、恋人との大切なアルバムがパークに足を踏み入れることで再生されるかのようだ。

ある30代の女性ゲストがパークの噴水の前で立ち止まった。目にはうっすら涙を浮かべている。

悲しいことがあったのではない。思い出しているのだ。幼いころ、父と母に連れられ、大はしゃぎしてミッキーとミニーに駆け寄っていった日のことを。

本物の笑顔で大きく手を振ってくれたキャストたち。父の肩に乗せてもらって見たパレードのまぶしさと父の温もり。肩車されながら、興奮してぶらんぶらんさせた小さな足を大きな手でしっかり支えてくれていたっけ。

子どもごころに、その一瞬一瞬がすごくかけがえのないものだった。自分が今ここにいることのしあわせ。ずっと大切にしておきたくなる気持ち。

女性ゲストの視線の先には、夫に抱っこされ、まだ少し大きいカチューシャがずれ落ちそうになるのを気にしている娘の姿。

彼女は願う。この子がいくつになっても、この場所と家族の絆でつながっていられるようにと。

夫と娘の呼ぶ声に促され、駆け寄っていく彼女の後ろ姿をそっと見守っていたのがディズニーの〝おもてなしの神様〟だった。

——30年前。

誕生したばかりの東京ディズニーランドは、日本で初めてのテーマパーク型〝遊園地〟だと思われていた。ゲストの目的は、珍しいアトラクションをたくさん楽しむこと。

もし、そのまま「ただの珍しい遊園地」として東京ディズニーリゾートが時を重ねてきたのなら、こんなふうにゲストの世代を超えて「大切にしたい思い出」は受け継がれなかっただろう。

じつは、その思い出を共有しているのはゲストだけではない。キャストもまた、サービスを超えた「おもてなし」によってゲストと気持ちが通じ合うことのハピネス（幸福感）を、世代を超えて受け継いでいるのだということは、あまり知られていない。

人間は自分がハピネスを受け取った時間を誰かと分かち合いたいという自然な感情を持っているものだ。だからこそ世代を超え、時を超えて〝とけない魔法〟のように「大切な思い出」がパークにはあふれているのだろう。

人生のいろんな場面に、いつもディズニーでの「思い出」がある。

その秘密をディズニーの〝おもてなしの神様〟だけは知っている。

いったい、そこにはどんな、時を超えた物語が秘められているのだろうか。

はじめに――ディズニーの、サービスを超えた「おもてなし」とは?

2020年、東京五輪開催決定――。

南米のブエノスアイレスで行われていた、国際オリンピック委員会(IOC)総会での決選投票の結果が発表された瞬間、私はふしぎな感慨にひたりました。

なぜなら、五輪招致最終プレゼンテーションで、あの有名女性キャスターが日本にしかできないゲストの迎え方として「お・も・て・な・し」を訴えたことが、多くの関係者の心をつかんだからです。

彼女はプレゼンテーションで、言いました。

おもてなしとは、人に対する見返りを求めないホスピタリティの精神。相手が誰であっても、訪れる人を慈しむように自然に心配りをするのです。

それは、日本の伝統的な文化が残る場所だけでなく、最先端のショッピングモールやテーマパークなどでも同じ。もちろん、東京ディズニーリゾートでもそうです。

じつは、**世界を魅了する「おもてなし」こそ、サービス以上に東京ディズニーリゾートがオープン以来30年間にわたってたいせつに受け継ぎ育ててきたもの。**そう言ったら、皆さんはふしぎに思われるでしょうか。

え？　アメリカ生まれのディズニーが、サービスを超えた「おもてなし」を育んでいる？

しかも、本国のディズニー関係者が、その「おもてなし」が体現された東京ディズニーリゾートのパークを「世界で最も綺麗で美しい」とさえ称しているのは、あまり知られていないかもしれません。

なにしろゲストの目に決して触れないような場所でさえ、毎日、完璧に磨き上げて大切なゲストを「おもてなし」しているのですから。

本書の三つの物語でも描かれていますが、東京ディズニーリゾートでは、『おもてなしの神様』に見守られながら、みんなが表裏のない「おもてなし」の心を素直に表していています。それはキャストからゲストに、ゲストがその仲間や家族に、そしてキャスト同士やゲストからキャストにも。

その姿は、人と人の関係が希薄《きはく》になったと言われる、今の時代でもまったく変わっていません。いや、むしろ、だからこそ余計にみんなが大切にしていると言ってもいいでしょう。

そう、パークを訪れる人は、仲間や家族、恋人同士、時には一人であっても、みんながサービスを超えた「おもてなし」に触れ、自分もまた誰かに表裏のない心で接したくなるのです。

そうでなければ、アトラクションから笑顔で手を振る見ず知らずのゲストに、他のゲストが同じように笑顔で手を振り返したりもしないでしょう。そこには、そうすることで「良く思われたい」という打算もなければ「相手にどう思われるだろう」と気にするマイナスの心もありません。

ただあるのは、お互いにハピネス（幸福感）を分かち合いたいというイノセンス（純粋無垢《むく》）な気持ちだけ。

「幸福とは心の状態だ。それは物の見方による。私は幸福とは満足することだと思っている。しかし、これは金持ちであることを意味してはいない」

——ウォルト・ディズニー

ディズニー創始者であるウォルト・ディズニーがかつて語ったように、ディズニーという場所は、幸福を求めながらも、経済活動や効率による「見返り」ばかりを考えて生きてしまう大人が、じつは、それだけでは満たされない「何か」に気づく場所なのかもしれないのです。

今回の物語ではディズニーランダーズ（家族同様のディズニーの住人）を卒業していくキャストたちを登場させました。

必ずしもキャストとしてずっとディズニーにいなくても、その体験の中で人の幸せや「生きる」ことの大切なヒントを得て、実生活の中で「おもてなし」の精神の輪を広めていく人々がいることも伝えたかったのです。

東京ディズニーリゾートはまさに、表裏のない「ハピネス（幸福感）」が生まれ育つファーム（農場）と言ってもいいのです。

人間が紡ぎ出す表裏のない心。見返りを求めず、ただ一心に誰かのことを思って行動する気持ち。それらの「おもてなし」は、どれも一つひとつ形が違い、なかには不器用さが出てしまうものもあるでしょう。

でも、それこそが〝人間〟なのだと思います。

ディズニーの『おもてなしの神様』は、いつもこう励ましてくれています。

「大人も見返りを求めない心で行動したっていいんだよ。たとえ、それがその時は分かってもらえなくても」

さあ、それでは早速、皆さんをディズニーの「おもてなしの世界」にご案内しましょう。

鎌田　洋

2014年3月

目次

第1話

夢の途中

それは、やわらかな風が吹く午後だった。

ゲスト（お客様）を笑顔にすることを、最高の報酬だと考えているディズニーランドのキャスト（従業員）たちは、子どもの頃からキャストになることを望んでいた人が多い。

時給が特に高いわけでもなく、仕事が楽なわけでもないが、マニュアルを超えた『おもてなし』を提供することに、お金を得るよりも大きな喜びを感じるとか。

しかし、キャストを夢見て働き始める人ばかりではない。中には、次の仕事が見つかるまでの「つなぎ」として働く人もいる。

そして、ある一人の男性キャストも、その例だった。

彼は、都内の高校で教師を務めていたものの、ある問題が生じたことにより、「自分は何のために教師をしているのか」「教師が生徒に提供する知識の境界線はどこで引けばいいのか」という葛藤《かっとう》の壁が立ちはだかってしまったという。

とはいえ、ディズニーランドに勤めるキャストにも、彼のような悩みを抱えている人は見受けられる。自分は何のためにサービス業をしているのか、ゲストに提供するおもてなしの境界線は、どこからどこまでなのだろうか……と。

教師という夢を途中下車してしまった彼は、ある変わった研修を受けたことにより、越えられなかった壁と再び向き合うこととなるのだった。

研修前日

「金田さん、『サービス』と『おもてなし』の違いって、何だと思いますか？」

各部門から選抜されたキャストたちが受ける特別な研修の会場にて、準備を努めているセキュリティキャストの広瀬がそう質問してきた。

教育部門にて、社員の指導を務めている僕は、広瀬の質問についてこう答えた。

「広瀬さんは、どう思いますか？」

「僕ですか？　そうですね……同じようにも感じますが、どこか違うような……。でも、どこが違うかと具体的に聞かれると……やっぱり分かりません」

「そうですね、私も広瀬さんと同じ感覚でした。『おもてなし』は、『サービス』を日本語に言い直しただけで、意味は同じなんじゃないかなって。でも、今はそう思っていません。というのも、『おもてなし』は『もてなし』に『お』を付けた丁寧語でもありますが、もう一つの説として『表なし』とも言われているんです」

「表……なし？」

「はい、『表なし』とは『表も裏もない気持ちで、見返りを求めない気配りをする』

という意味です。日本だからこそ生まれた言葉であると共に、日本独自の気配りが『おもてなし』という表現を生んだのかもしれませんね。だから、サービスを日本語に言い直しただけではないかなと、私は思うんです」

「なるほど、表も裏もない気持ちで、見返りを求めない気配りをする……か。例えば、どんな気配りが『おもてなし』なんでしょうか」

「そうですねぇ、見返りを求めない気配りとは、相手に気づかれないよう気を配るわけですから、例えば左利きの人にお食事を出す場合、箸をそっと左向きにして置く……などでしょうか。ディズニーランド内で例えると、アドベンチャーランドにある〝チャイナボイジャー〟というレストランの麺が伸びにくく製造されていることも、見返りを求めない気配りの一つでしょうね」

「え？　伸びにくい麺って、どういうことですか？」

「通常、麺というのは茹《ゆ》でて間もなく汁を吸ってしまいますよね？　でも、いつも混雑していることが予想されるディズニーランドでは、席を取るにも時間がかかってしまうことから、茹で時間を短くして麺を堅く仕上げるのではなく、麺を製造する段階から伸びにくくすることを配慮し、工夫されているんです」

「そうだったんですか……。金田さんに言われるまで、チャイナボイジャーの麺が伸びにくいことに気づきませんでした」

「気づかなかったけど、美味しく食べていたでしょう？　知らず知らずのうちに心地良さを感じている時、必ずどこかで誰かが気を配っているんですよ。ちなみに、『サービス』を意味する気配りはその逆で、相手に気づいてもらうことが前提の行動だと私は思うんです」

「相手に気づいてもらうことが前提の行動……？」

「ええ、例えば料金を安くするとか、商品をおまけするとか、目的地まで案内するとか、気配りを受けている側が『得』していることを自覚できることを『サービス』と言うんじゃないかな……と」

「なるほど……。『おもてなし』は表裏のない気持ちで見返りを求めない気配りのことを言い、『サービス』は相手に気づいてもらうことを前提とした気配り……か。さすがですね、金田さん。すっきりしました」

「いえいえ、二つの違いについて考えるなんて、広瀬さんこそさすがですよ」

「そんな……。でも、そう考えると今日の研修は、究極の『おもてなし』を学ぶ貴重な時間になりそうですね」

「その通りかもしれません。そういえば、木ノ下さんも今日の研修に参加するんですよね？」

「ああ、元教師の……？」

「木ノ下さんにとっても、この研修はきっと大きな収穫となるでしょうね」

研修1週間前

ディズニーランドに勤めて、1年が経とうとしている。

勤めて……と言っても、ショーやパレードを案内するアルバイトだが、ここでは社員とかアルバイトとか立場に関係なく従業員のことを「キャスト」と呼び、お客様のことは「ゲスト」と呼んでいる。パーク全体が舞台であることを意識してのことだ。

僕がゲストとして初めてここへ来たのは、4年前だった。都内の高校で教師を務めていた頃、校外学習で生徒と共にディズニーランドを訪れたのだ。

仕事で来ていたため、はしゃぐ余裕はなかったが、パークの中にいるすべての人が笑顔だった光景を見て、幸せな気持ちになった。

こんなふうに、学校も生徒たちを笑顔にする場であってほしいな……とも感じた。

かといって、その頃からディズニーランドで働こうと考えていたわけではない。

当時は、一人前の教師になることばかり考えていたため、自分がディズニーランドのキャストになる日が来るなんて、想像もしていなかった。

しかし、あることを機に、理想と現実の歯車が噛み合わなくなってしまった僕の教師生活は、きしむ音と共に停止してしまったのだ。

そして抜け殻《がら》のような日々を過ごしている中、ふとつけたテレビの中にディズニーランドが映っているのを見つけ、校外学習で生徒を連れて行った日のことを思い出した。笑顔で溢《あふ》れたあの空間に行けば、絶望の渦《うず》から少しでも抜け出せるかもしれない……と。

小さなワンルームで引きこもり生活をしていた僕は、翌日、ディズニーランドへ足を運んだ。すると、以前校外学習で来た時には感じられなかった感動の連続に、心が震えた。キャストの笑顔や優しい掛け声、ゲストの幸せそうな顔とキャラクターたちの明るい仕草……。まるで、すべての人々に平等が与えられたかのような空間に、僕は心から癒された。

人々が自然と笑顔でいるここなら、絶望から抜け出せなかったこんな僕でも働けるのでは……という思いが込み上げ、アルバイトの募集を見つけると同時に応募した。

あれから1年が経ち、今では持ち場のリーダーまで務めさせてもらっている。来週は各部門から選抜されたキャストが受ける特別な研修も受けさせてもらえるそうで、アルバイトという立場でも充分にやりがいを感じているのだ。

もしかしたら、ここが本当の「居場所」だったのかもしれない。僕には、教師よりもディズニーランドのキャストが向いていたのかもしれない。

そんなことを考えながら、パーク内を巡回していると、一人の男の子がパレードの通路の真ん中にいるのを見つけた。後ろ姿ではあるが、およそ5歳前後だろうか。周

囲を見渡す限り、保護者と思われる大人は見当たらない。

僕は男の子に近づき、後ろからそっと声をかけた。

「ぼく、迷子になっちゃったのかな？」

しかし男の子は振り返る様子もなく、そのまま前を見ている。

もう一度「ぼく？」と話しかけたが、その様子を見ている周囲の人々は振り返るものの、男の子は前を向いたままだ。

僕は男の子の前に回ってしゃがみ、同じ目線でもう一度話しかけてみた。

「お母さんはどこかな？　もうすぐパレードが始まるから、ここにいると危ないよ」

それでも男の子は、うなずくこともなければ、首をかしげることもなく黙っている。

しばらくすると、男の子の母親と思われる女性が駆け足で近づいてきた。

「文彦！」

男の子のそばまで来ると、その母親は息子の目の前にしゃがみ、両手を使って身振り手振りで何かを伝え始めた。

「(手話だ……。そうか、この子は耳が聞こえないんだ……だから僕の言っていることが、伝わらなかったのだ)」

僕は、ふと教師だった時のことを思い出した。

この子と同じように、耳の不自由な生徒から相談を受けた、あの日のことを……。

そして、その時立ちはだかってしまった壁をいまだに越えられない自分が、この広いパークにポツンと置かれているかのような、そんな感覚におそわれた。

―― 1年前 ――

3時限目の授業を終え、教科書を置きに職員室へ戻ると、僕のデスクの上に1枚のメモが置かれてあった。

『木ノ下先生
進路についてご相談があります。放課後、お時間いただけますか？
高梨久美子』

たった1行の事務的な内容ではあるが、誠実な心の持ち主であることは充分に読み取れる一節である。

メモの差し出し人である高梨久美子は、明るく成績優秀な生徒で、もちろん問題を起こしたことなど一度もない。

小中学校の頃は弦楽部でバイオリンを弾いていたとのことで、どことなく気品を感じる女生徒である。また、皆をまとめる力もあることから、部長を務めていたという。

しかし、中学3年の時に発症した病により、聴覚をほとんど失ってしまったのだ。大好きなバイオリンが思い通り弾けなくなってからも、明るく前向きな姿勢は変わらず、病気に負けることなく勉強もがんばっている。

委員会でも、僕が担当する図書委員を務めてくれているため、高梨とはそれなりに信頼関係も築いているつもりだ。

そのような彼女が、改まって進路について相談があるなんて、いったいどんな内容なのだろうか。

大学受験について考えているとしても、彼女はまだ高校1年だし、まだ少し早い気もする。とはいえ進むべき方向がすでに決まっているとしたら、決して早いとは言いきれない。

何にせよ、彼女にとってベストな未来へ導いてあげられるよう、慎重にアドバイスしてあげなければ……。

そして放課後、大学リストや進学に関する資料をひと通り用意して教室へ行くと、高梨は窓際の席に座って待っていた。

「ごめんごめん、待たせて悪かったね」

僕が、両手を合わせておがむポーズを取ると、高梨は笑顔で首を横に振った。

高梨とのコミュニケーションは、主にメモ帳とペンを使った筆談だが、こちらが何を言っているのかは、おおよそ口元を見て理解しているらしい。

早速メモ帳を取り出した彼女は、細字のボールペンですらすらと文字を滑らせた。

そして書き終わったメモ帳を僕の方に向けてきたのだが、僕はその内容を見て一瞬何が書いてあるのか理解できなかった。

『私、学校をやめます』

……！

僕は動揺を隠しきれないまま、次のページに返事を書いた。

『どういうこと？　何か嫌なことでもあった？』

すると彼女は、僕を気遣うかのように片手を顔の前で左右に振り、次のページにこう書いた。

『いいえ、そうじゃなくて、夢を叶えるために学校をやめたいんです』

僕は、何から順に書いていいか頭の中がまとまらず、思わず口に出してしまった。

「叶えたい夢って、高校を卒業してからじゃだめなの？」

『たぶん、それでは遅いので』

「遅いって……そんなことないと思うけどなぁ……本当は、誰かに嫌なことでも言われたんじゃない？」

『そんなことありません。クラスのみんなは優しいし、仲良くしてくれてます』

「じゃあ……そんなに急がなくても……。修学旅行とか、体育祭とか、これからもっと楽しいことたくさんあるよ」

『すみません、先生……でも、もう決めたんです』

「決めたって……ちなみに、高梨が叶えたい夢って何か聞いてもいい？」

すらすらと滑らせていた高梨の手が止まり、自分の中の決意をもう一度確認したかのようにうなずくと、再びペンを握った。

『プロのバイオリニストです』

思わず、言葉を失った。

聴覚に不自由を感じている彼女がプロのバイオリニストを目指すというのは、世間一般的に考えると「不可能に近い」という回答が頭に浮かぶだろう。けれども、教師である僕が「その夢は叶わないと思う」とは、口が裂けても言えない……。

いや、彼女のためを思うなら、はっきり言ってしまった方がいいのだろうか。

僕なりの正解が見つからないまま、ひとまず退学することは止めなければと思った。

「高梨、ご両親には相談したのか？　高校をやめるなんて言ったら、きっと悲しむぞ」

『両親には……まだ言ってません。でも、きっと反対はしないと思います』

「どうしてそう言い切れる？」

『私がバイオリンを愛していることを、両親はよく知っているからです』

「そうかもしれないけど、苦労することが分かっているのに、見て見ぬ振りをする親はいないんじゃないかな……」

『先生は、私が夢を叶えられないと思っているから、そういうふうに思うんです』

「……！　そ、そういうわけじゃないよ、僕は高梨の将来のためにベストな選択をするべきだって言ってるんだ」

『……』

「高校をやめるなんて、絶対に損だよ……。夢を追うなとは言わないけど、そんなに急がなくていいと思うな」

平行線のやりとりは、しばらく続いた。

彼女の言い分としては、またいつ病気が再発するか分からないため、少しでも聴覚が残っている間に技術を身につけたいとのことだ。また、ゆくゆくは海外へ留学し、第一線で活躍する現役の演奏者から直接学びたいという。

「今」を後悔しないためにも、高校生活より音楽の道を選びたい……と。

でも、もしその夢が叶わなかったら……きっと彼女は高校をやめたことを後悔するだろう。夢をあきらめたくない気持ちも分かるが、挫折した時のつらさを味わってほしくない。彼女のためにも、高校だけは卒業してもらうよう、僕は説得を続けた。

するとと彼女は、独特の表現を紙につづった。

『音楽は、耳だけで聞くものではありません。心と体で感じるものなんです』

僕は、何て返したらいいか分からなかった。

しばらく黙っていると、彼女はメモ帳とボールペンをかばんにしまい、一礼して下校した。


彼女の夢は、大きすぎる。叶えられれば喜びも大きいかもしれないが、その可能性は高いとは言えない。生徒を幸せな未来へちゃんと導いてやるためには、具体的にどう指導すればいいのだろう。

ひとまず、ご両親を含めて話し合おうと考えた僕は、高梨の家へ電話をかけた。そして事情を説明し、訪問させてもらう日程を決めた。

高梨が退学しようとしていることについて、ご両親はまだ知らなかったとのことだが、そのようなことを言い出すのではないかと、薄々感づいていたという。

訪問当日、聴覚障がいに配慮している大学の資料や、音楽に関係する専門学校のパンフレットを用意し、高梨の家へと向かった。手が届きそうな目標を具体的に提示すれば、高校をやめることを考え直してくれるかもしれない……と思ったから。

高梨の家は、東京の郊外にある一軒家で、洋館のようなたたずまいだった。まさにバイオリンがよく似合う、白を基調とした外壁で、リビングには立派なグランドピアノも置かれてある。

母親がもてなしてくれたオレンジ風味の紅茶を飲み干し、本題に入った。

しかし、話が進むにつれ、高梨の顔から笑顔が消えていった。ご両親は、僕と同じく退学を反対していたが、「絶対反対」ではないとのこと。できれば卒業してもらいたいが、彼女の「今」も大事にしてあげたい……と。

僕は、変わらず退学を反対した。けれども、彼女の意志が変わることはなく、むしろ両親に電話をかけたことや、望まない未来へ導こうとしている僕に心を閉ざし、自分の部屋へこもってしまった。

その後も、何度か高梨の家へ通ったものの、彼女が僕に笑顔を見せてくれたのは、あの放課後が最後だった。

心を開いてくれていた生徒との信頼関係が崩れ、自分が目指していた「一人前の教師になる」という目標も見えなくなり、教師生活の歯車が音を立てて止まろうとしているうち、高梨は3学期を終える前に退学届を提出し、高校生活にピリオドを打ってしまった。

それは、お互いの心にしこりが残ったままの別れだった。

言葉にしても行動にしても、いったい何がいけなかったのだろう。生徒を指導する境界線は、どこで引けばいいのだろう。

もしかしたら、教師になりたいと思っていた僕自身の「夢」も、大きすぎる夢だったのかもしれない。そう思わざるを得ない感情が、心の中で渦を巻いた。

さらに、高梨が退学届を出したすぐあと、根も葉もない噂《うわさ》が学校中を騒がせた。

彼女が退学したのは、僕が個人的な感情でしつこく追い回したせいだ……とか、耳が不自由なことを差別し、進路を決めつけようとした……とか、廊下を歩くたびに指をさされる生活に、僕は心が折れてしまった。

自分はどうして教師になりたかったのか、本当に教師でなければならないのか、先の見えない未来へ歩く勇気すら失い、現役教師であるにもかかわらず不登校が続いた。

あと1日だけ……あと1日だけ……と休むことを繰り返すうち、他の教員や保護者からの信頼も失い、退職せざるを得ない方向へと心境も状況も流されていったのだ。

研修1週間前

教育部門の定例会議を終え、パークの中をウォークスルー（巡回）する……という恒例のひとときが、僕にとっては午後の活力となる。

本日行われる研修のことを考えながらパークの中を歩いていると、教師を務めていたゲストコントロールキャストの木ノ下を見かけた。

ゲストコントロールキャストとは、パレードやショーをゲストに気持ちよくご覧いただくため、安全を確保しながら鑑賞エリアへご案内する仕事である。

時には質問を受けたり、写真撮影を頼まれたり、ゲストから話しかけられる機会が多い役割のため、日々生徒と触れ合っていた彼には、向いている仕事だと僕は思う。

教師だった彼がなぜディズニーランドで働くこととなったのかは分からないが、誰にだって人には言えない事情はあるだろうし、それを無理やり聞き出すつもりもない。

「今」の彼が、僕たちにとって大切な仲間であることは事実だし、真面目な仕事っぷりが評価され、エリアのリーダーも務めてもらっている。

新人キャストに対する面倒見もいいことから、おそらく生徒思いのいい先生だったのだろう。

そんなことを考えながら木ノ下の様子を見ていると、通路に立っていた小さな男の子の肩に手をかけ、何やら話しかけ始めた。

一歩、また一歩と近づいてみると、男の子とうまくコミュニケーションが取れていないように見える。

「(珍しいな……いつもの木ノ下さんなら、子どもとすぐに打ち解けているのに……)」

すると、男の子の母親と思われる女性が駆け寄ってくると共に、手話らしき行動を取り始めた。

「(そうか、あの子は耳が不自由なのかも……だから木ノ下さんのかけた言葉の意味が分からなかったのか……)」

母親は、木ノ下に一礼すると、男の子の手を引いてその場をあとにしようとした。

次の瞬間、木ノ下は再び男の子の肩に優しく手をかけ、そしてポケットからメモ帳とペンを出した。楽しそうに対応している木ノ下に気づかれないよう、僕は背後から

そっとメモ帳をのぞき込んだ。

そこには、かわいらしいドナルドの絵が描かれてあり、吹き出しの中の言葉には、「いっぱいたのしんでね」と書かれてあった。

男の子はたいそう喜び、ドナルドの横に「ありがとう」という文字を書いた。

さらに、手話で木ノ下に何かを伝えている。

その言葉は、『がんばってね』という意味であると母親は木ノ下に教えてくれ、小さな手を引いて歩き出した。男の子は、満面の笑顔で手を振っていた。

僕は、木ノ下に声をかけた。


「さすが、元先生ですね」

「金田さん……」

「とっさに、紙とペンを使って筆談するなんて、たくさんの生徒にかかわってきたからこそできる『おもてなし』ですよ」

「いや、そんな……。たまたま受け持っていた生徒の中に、耳の不自由な子がいたもので、筆談には慣れていたんです。でも、こういうことも『おもてなし』って言うんですか？」

「ええ、もちろんです。人に満足感を与えることも『おもてなし』ですが、人を笑顔にすることも、立派な『おもてなし』なんですよ」

「人を笑顔にする『おもてなし』……？」

「はい。おもてなしは『表なし』とも言われているんです。表も裏もない心で、見返りを求めない気配りをする自然発生的な行動を、おもてなしと言います。木ノ下さんが男の子を笑顔にしたのは、表も裏もない心で楽しんでもらいたいと願ったことによる行動ですよね、だからそれは立派なおもてなしなんですよ」

「なるほど……。意識して考えたことがなかったので、明確な言葉にされるとよく分かります」

「ちなみに、相手に気づいてもらうことを前提とした行動を『サービス』と言うとすると、おもてなしもサービスも相手のために気を配って尽くすことには変わりありませんが、気づいてもらいたい気持ちが前面に出てしまうと、ありがた迷惑と感じられてしまうこともあるかもしれません」

「確かに、洋服店などで必要以上に声をかけられたりすると、買い物をすることが楽しく感じなくなることってありますよね。ゲストにそういう思いを与えないよう、僕も気をつけないと……」

「木ノ下さんは大丈夫ですよ。さっきのような対応ができるのは、木ノ下さん自身が表裏のない人である証拠ですから。だからこそ、見返りを求めない純粋な『おもてなし』ができ、あの男の子を笑顔にすることができたんです」

「僕が……あの男の子を笑顔に……」

「ええ、そうですよ。木ノ下さんが心から『楽しんでもらいたい』とささやかな幸せへ導いたからこそ、あの男の子は笑顔になれたんです。そして、あの子の笑顔によって、木ノ下さんも笑顔になった……まるで、笑顔の連鎖ですね」

「何だか、すごく新鮮です。笑顔になるのは、主に環境が影響していると思っていたので……。でも、自分のおもてなしによって誰かを笑顔にすることができるとしたら、素敵ですよね。何だか、仕事に対する取り組み方が良い意味で変わってきそうで

す」

「それはよかった。期待してますよ、木ノ下先生」

「先生なんて、やめてくださいよぉ、僕は教師の夢を途中下車してしまったんですから……。それにしても、金田さんはすごいですよね。全社員の教育係なんて……きっと教育者に向いてたんでしょうね」

「そんなことありませんよ、僕は特別なことは何も教えてませんから」

「教えてない……って、どういう意味ですか？」

「『キャストになりたい』と思って入社した人のほとんどは、入社する前からすでに教育されているんですよ」

「入社する前から……教育されている？」

「はい、そうです。キャストの多くは、小さい頃からディズニーランドに来園しているため、ゲストとしてもてなされることの喜びを知っているんです。だから、自然とおもてなしの心得が身についていて、『どうしたらゲストを幸せにすることができるか』を、入社する前からよく知っているんです」

「それでも、細かい規則やマニュアルは教えなくては分かりませんよね？」

「確かに、ゲストの安全を守るために優先するべき行動基準はあっても、細かいマニュアルはありません。そもそも、おもてなしに規則はないんです。ゲスト一人一人によって、感じる幸せは一つ一つ違いますからね、これといったルールは私たちにはないんですよ」

「……」

「それに、木ノ下さんも覚えているかと思いますが、研修で指導するのはえらい人ばかりではなく、現場に務める若いキャストやアルバイトが教えることも多いんです。僕がやることは、教育は4分の1、残りの4分の3は、楽しむ企画を考えることですかね。そうそう、研修と言えば、来週の研修は参加するということで大丈夫ですか？」

「あ、はい、白杖研修ですよね？　ぜひ参加させてもらいます」

研修当日

ディズニーランドでは、各部門から選抜されたキャストたちが受ける特別な研修がある。

それは、「白杖研修」と言い、目の不自由な方の身になって、バリアフリーの大切さを学ぶ研修だ。

どうしてそのような研修をするのかというと、「パークに訪れるすべての人が平等でいられる空間」を提供するため、障がい者の方にもできる限り不便を感じることなく楽しんでいただけるよう、このような研修を実施している。

ゲストをパレードやショーに案内する「ゲストコントロールキャスト」のリーダーをしている僕も、この特別な研修を受けさせてもらうこととなった。

研修の主な内容は、目隠しをした状態で歩行したり、カップに熱いコーヒーを注いだり、目隠しをしている人の手を取って階段や廊下を誘導したり、目の不自由な方がどのような感覚で生活しているのか、また、どのように誘導することが安全かを実際に体験するのだという。

そして、僕たちは二人一組のペアとなり、互いに分厚いアイマスクで目隠しし合った。

僕はまず、目隠ししたままの状態で、階段まで誘導された。

ペアとなっているキャストに、手すりの位置を説明してもらったり、残りの階段数を教えてもらったりしたものの、想像以上に強い恐怖感を覚えた。

また、暗闇でカップに熱いコーヒーを注ぐ体験は、かなりの勇気を必要とした。

実際、本当に熱いコーヒーを使うのだが、ペアの人に火傷を負わせてしまったらどうしよう……とか、湯気が顔にあたる感覚がさらに緊張を高めたり、なかなか注ぐことができなかった。

高校に勤めていた頃、職員室でお茶を出された時、運んでくれた方が「熱いですよ」といつも声をかけてくれていたのだが、そういった「ひと声かけてもらう」大切さも、身を持って体験することができた気がする。

さらに今回は、キャストのお知り合いの全盲《ぜんもう》の方が、研修に協力してくれるとのことで、行動体験をひと通り終えたのち、お話を聞かせていただくこととなった。

その方は吉野さんという55歳の男性で、先天性の病により生まれつき目が見えないのだという。

そのため、空や海など自然の景色をはじめ、花火の色や大きさ、葉っぱの形や動物の顔、それらはすべて想像により思い描いてきたとのことだ。

また、僕たちにこんな質問を投げかけてくれた。

「例えば、夏の夜に耳元で蚊が飛んでいたとします。プーンて羽音を立てながら……そんな時、電気のない真っ暗な状態だったら、皆さんはどうしますか？」

すると、カストーディアル部門（清掃部門）のキャストがこう答えた。

「そうだなぁ……、ひとまず蚊の羽音に集中します。どこを飛んでいるのかを把握して、手で叩くタイミングを計ります」

「なるほど。ちなみにその時、目は開いてますか？」

「目は……つむってます……」

「その感覚を思い出してください。私たちは、常に聴覚や嗅覚を研ぎ澄ませ、周囲の状況を読み取っているんです」

僕たちは、深くうなずいた。そして、さらに共感を得る話を聞かせてくれた。

「音楽においても同じです。楽器の形や演奏者の顔を見ることはできませんが、音を体で感じることにおいては、おそらく皆さんより敏感かもしれません。音の振動とか、人の歓声とか、目や耳だけではない『体で感じる情報』によって、私たちは様々なシーンを想像するんです」

目や耳だけではない、体で感じる情報……?

吉野さんのその言葉を聞き、僕は高梨久美子の言葉を思い出した。

『音楽は、耳だけで聞くものではありません。心と体で感じるものなんです』

彼女もきっと、吉野さんと同じように音の振動や観客の歓声を敏感に感じていたのかもしれない。

僕こそ、彼女の言葉を耳だけで聞くのではなく、心と体で感じるべきだった。

高校をやめさせないよう、どうやって説得するか……ということばかり考えていて、彼女の言葉の意味を分かろうとしていなかった。

生徒をベストな未来へ導いてあげたいなんて、金田が言っていた「ありがた迷惑なおもてなし」とまるで同じだ。押し売りのような指導を、僕は生徒にしていたんだ。

表も裏もなく見返りを求めない気配りができていたら、生徒たちの「可能性」をもっと引き出せていたかもしれない。ただの世間一般的な常識を押しつけて、しこりの残るような別れをしなくてすんだかもしれない。

1年前に立ちはだかった壁を思い返していると、吉野さんがこんなことを言った。

「私たちは、不便なこともたくさんありますが、不幸なわけではないんです。だって、天気予報よりも先に春を感じられることもあるんですから」

顔をクシャっとさせ、優しい笑顔で語る吉野さんは、幸福感に満たされていた。

1週間後

白杖研修は、キャストとしても一人の人間としても貴重な体験だった。

しかし、1年前に越えられなかった壁と再び向き合ってしまったことで、僕の中に複雑な感情が生まれた。

自分が本当にやりたいことは、いったい何だろう。真のおもてなしを学んだことで得たことも大きいが、自分の向かうべき方向性が分からなくなってしまった。

このままディズニーランドでキャストを続けることが、僕にとって本当の幸せなのだろうか。

そんなことを考えながら、更衣室へつながる通路を歩いていると、教育部門の金田が僕に声をかけてきた。

「木ノ下さん、お疲れさまです」
「お疲れさまです、金田さん」
「今日は、木ノ下さんにお渡ししたいものがありまして……」

そう言って金田から渡されたのは、1枚のカードだった。

「金田さん、これってもしかして……」
「ええ、ファイブスターカードです」

ファイブスターカードとは、マネージャーやスーパーバイザー以上の社員がキャストを褒《ほ》めたたえる時に渡す仕組みで、優れた活躍に対する賞賛の言葉が記されているカードなのだ。

また、ファイブスターカードを5枚受け取ったキャストは、会社主催で行われるファイブスターパーティーに招かれ、ミッキーやミニーにも祝福してもらえるという栄光のカードである。

そういった制度が存在することは聞いていたが、実際手にしたのはこれが初めてだ。

いったい何が書かれてあるのか緊張しつつ、そっと文字に目をやった。

『人を幸せな方向へ導きたいと願うあなたを、心から尊敬します』

僕は、胸が熱くなるのを感じた。

仕事だけでなく、自分の生き方をも認めてもらえた気がして、自然と涙が溢れてきた。

誰かが見ていてくれるということは、こんなにも嬉しいものなんだ。

To 木ノ下 さん
～ゲストとキャストのハピネスのために～
□ Safety(安全)
□ Courtesy(礼儀正しさ)
□ Show(ショー)
□ Efficiency(効率)
Message
人を幸せな方向へ導きたいと
願うあなたを
心から尊敬します。

ただ見守ってもらっていることは、こんなにも自信が湧いてくるものなんだ。

あの時、僕はどうして高梨をそっと見守ってやれなかったんだろう。

彼女に限界のラインを引き、傷つかない安全な未来へ導こうとしていた自分が、悔んでも悔やみきれない。


彼女の夢がもし叶わなかったら、一緒に涙を流せばいい。

彼女の夢がもし叶ったら、共に飛び上がって喜べばいい。


喜びも悲しみも分かち合うことで、限界を超すことだってできたかもしれない。

生徒と共に「覚悟すること」が、僕の目指す教師なのかも……。

すると金田は、ファイブスターカードを見ながら泣いている僕に、こんな質問を投げかけてきた。


「木ノ下さん、あなたが本当に笑顔にしたい人は誰ですか？」

「……!?」

「今、思い浮かんだ人の顔は、パークに訪れているゲストの笑顔ですか？　それとも、高校で指導してきた生徒さんたちの笑顔ですか？」

「……」

「もし、本当の答えが見つからないようなら、あなたの中にいる〝おもてなしの神様〟に聞いてみたらどうでしょう？」

「おもてなしの……神様？」

「ええ、そうです。誰の心の中にも、おもてなしの神様はいるんですよ。表も裏もない心で見返りを求めずに目をつむると、おもてなしの神様は本当にたいせつなことを教えてくれるんです」

「表も裏もない心で……見返りを求めず……」

「木ノ下さんが、紙とペンを使って男の子とコミュニケーションを取ったあの行動は、表も裏もない気持ちによって自然と取った行動ですよね？　仕事だから仕方なく……ではなく、一人の人間としてどうしたいか、どうしてあげたいか、その純粋な行動によって、自然とあの子を笑顔にすることができたのではないでしょうか」

その言葉を聞いた瞬間、僕は今まで越えられなかった壁を、ようやく越えられた気がした。

閉じた瞳の奥に浮かんだ人は、僕のたいせつなたいせつな生徒たちの笑顔だった。

1カ月後

自分の中のおもてなしの神様に、進むべき本当の道へ導かれた僕は、教師という名の夢の列車に再び乗ることを決めた。

幸い、知人が勤める高校で臨時の契約講師を探しているという話を持ちかけられ、僕は迷うことなく引き受けさせてもらったのだ。不安定な形態だが、形なんかどうでもいい。これから出会う大切な生徒たちを笑顔にするため、表も裏もないおもてなしの心でまっすぐに向き合っていければそれでいい。それが、僕の本当に望む未来だということを、ディズニーランドは教えてくれた。

そして、自分なりの道を見つけることができた今の僕なら、きっと高梨のことも応援してあげられる。プロのバイオリニストとなる夢を、心の底から応援したい。また、あの時笑顔で送り出してあげられなかったことを、あやまりたい……。

込み上げる様々な気持ちを伝えるべく、メモ帳とペンをバッグに入れ、僕は高梨の家へ向かった。

通い慣れた駅からの道は、あの頃のままだった。

家に近づくにつれ、当時とは違う緊張が高まってきた。でもそれは、心地良い緊張と言える。

そして白い外壁が目の前に現れ、僕はゆっくりとチャイムを押した。

しかし、しばらく経っても誰も出てくる様子はない。

もう一度押してみたものの、やはり誰も出てこない。

事前に連絡しておくべきだったかな……とささやかな後悔を感じていると、背後から「高梨さんのお宅にご用ですか？」と声をかけられた。

振り返ると、隣人と思われる女性がふしぎそうな顔で僕のことを見ていた。

「あ、はい……。久美子さんが通っていた高校の元担任でして、ちょっとお伝えしたいことがあってお伺いしたのですが……お留守の様子ですね」

「あら、そうでしたの。それは、ひと足違いでしたねぇ……」

「ひと足違い……と、申しますと？」

「久美子ちゃんの出発、今日なんですよ」

「出発？」

「ええ、海外留学の出発……でも、耳が不自由になってしまっても、バイオリニストになる夢をあきらめないなんて、久美子ちゃんえらいですよね」

頭の中が、真っ白になった。

まさか、そのような日と重なってしまうとは……。でも、絶対に会えないと決まったわけではない。

「あの……、久美子さんが乗る飛行機、何時の便か分かりますか?」

隣人から高梨の乗る飛行機の詳細を教えてもらった僕は、その足で空港へ向かった。

間に合うかどうか、いちかばちかの時間である。

でも、今日もし会えなかったら、次はいつ会えるか分からない……。いや、お互いの心にしこりを残したまま、もう一生会えないかもしれない……。

あの時、心を開いて僕に相談してきてくれた彼女を、きちんと見送ってあげたい。どうか間に合ってくれ……と願いつつ大通りまで全力で走り、タクシーに乗り込んだ。

空港に到着した時には、高梨の乗る飛行機が飛ぶ2時間前を切ろうとしていた。

海外渡航の際、チェックインは2時間前には完了してしまうはずだ……間に合うかどうかギリギリな上に、多くの人をかき分けながら姿を探さなければならないため、やっぱり間に合わないかもしれない……。

けれどここまで来たら、あきらめずに探すしかない。

「（そうだ、振り返らない人を探せばいいのかも……）」

僕は、ディズニーランドで出会った小さな男の子を思い出した。

あの子に背後から話しかけた時、周囲の人は振り返ったものの、耳が不自由なあの子だけは前を向いたままだった。

この状況で大声を出せば、きっとみんな立ち止まって振り返る。その瞬間、高梨は立ち止まらずに前へ進み続けるかもしれない。混雑している人ごみの中から彼女を探し出すには、そうするしか他ないと僕は思った。

そして、ありったけの息を吸い込み、思いっきり叫んだ。

「高梨――!!」

応援団のような広く通る声が、フロア全体に響き渡った。

案の定、周囲の人々の視線が僕に集中した。そして目をこらして辺りを見渡すと、チェックインカウンターのところでバイオリンを持った女性が前を向いているのを見つけた。

僕は、もう一度叫んだ。

「高梨――!!」

すると、振り返る人々の様子に異変を感じたのか、高梨はその場に立ち止まり、こちらを振り返った。

遠目ではあるが、僕の顔を見て驚いている高梨の顔は1年前と変わっていなかった。

僕はすぐさま彼女に近づき、急いでバッグの中からメモ帳とペンと取り出したものの、飛行機の時間が迫っているらしく、書き記している時間はない様子だ。どうしたらいいんだろう……伝えたいことが頭の中でまとまらないまま、時間だけが過ぎていく。

必死に冷静さを取り戻し、あの時の男の子の手を思い出した。小さな手で精一杯伝えてくれた、あの時の言葉を……。

僕は、ぎこちない手話で高梨に伝えた。

『が・ん・ば・れ』

まっすぐに僕の手を見ている高梨の瞳から、涙がこぼれ落ちた。

彼女は、『ありがとう』を意味する手話を僕に伝えてくれたのち、夢を叶える入り口へと歩き進んだ。

バイオリンを背負う細い背中は、希望に満ち溢れていた。

＊

季節は夏を迎え、パークの中は新たなイベントのカラーに塗り替えられようとしていた。

ゲストコントロールキャストを務めていた元教師の木ノ下は、再び教師となる夢を追い、ディズニーランドを卒業した。

木ノ下のように、夢の途中でディズニーランドへ訪れるキャストは少なくない。

キャストとして働くにつれ、仲間を認め合い、褒め合い、人間本来の「あるべき姿」を取り戻し、自分の進むべき本当の道が見え、再び夢を追って卒業する。

仲間が卒業することは少々寂しいが、ディズニーランドで培《つちか》ったおもてなしの精神を様々なところで活用してくれることは、ハピネスの輪が広がるということでもある。だから、卒業していく彼らの背中を、僕たちは快く送り出せればと思っている。

また、真のおもてなしを実行するのは、ディズニーランドでなければいけないわけではない。ましてや、サービス業でなければできないというわけでもない。

どのような場面においても、立場やルールの制限に縛られることなく、一人の人間として目の前の人と接することができれば、マニュアルを超えた「おもてなし」を自然と提供することができるのではないだろうか。

木ノ下を始め「仕事の境界線」について悩む人は少なくない。けれども、誰もが平等でいられるディズニーランドを作ったウォルトはこう語っている。

『ひとつ明確にしておこう。私は誰かに何かを教えようとしているのではなく、単に人々を楽しませたいだけなんだ』

人を楽しませたいと願う気持ちは、どんなに厳しい教育を受けるよりも、遥《はる》かに人を幸せにすることができるのかもしれない。

そのような共通意識を持ったキャストたちが働くことによって、ディズニーランドは『誰もが平等でいられる空間』を維持できているのだろう。

表も裏もない見返りを求めない心で、人に気づかれないよう気を配る「おもてなし」は、『人々を楽しませたい』『人々を笑顔にしたい』という純粋な思いによって、心地良い空気を作り出すことができるのだ。

そんなことを考えながら、新しいイベントの会議へ向かっていると、セキュリティキャストの広瀬が駆け寄ってきた。

「金田さん、大変です！　七夕用の笹の葉が……」

息を切らす広瀬を落ち着かせ、詳しい話を聞くと、七夕のイベントで使用する笹の葉の色が、倉庫で保管されている状態にもかかわらず金色に輝いているとのこと。

それはもう美しく幻想的な世界だと、広瀬は大絶賛している。

装飾用の照明すらない倉庫の片隅で、いったい何が起きているのだろう。

金色に輝いているという笹の葉があるところへ、僕は足早に向かった。

【第2話へ続く】

第２話

笑顔のスポットライト

季節が変わると、パーク内の草木の彩りが変わると共に、イベントのカラーも一気に塗り替えられる。

６・７月に開催される七夕のイベントは、ワールドバザールの中央に笹が飾られたり、ゲストが願いごとを書いて吊るす短冊が用意されたり、日本ならではの伝統行事をディズニーふうにアレンジした世界観も企画されているのだ。

そんな親しみ溢れたイベントも始まり、照明の調節や短冊の配置などを毎日キャストが工夫していた矢先、閉園後のパークにてあるサプライズが行われたという。

何と、倉庫に保管されている大きな笹

が、すべて金色に輝いているとのことだ。

いったい、何が起きたというのだろうか。夢の国とはいえ、本当に誰かが魔法をかけたとでも……？


笹の葉が設置されている倉庫に着くと、僕は自分の目を疑った。

昼間までは青々としていた笹が、見事な金色に輝いているのだ。

その光景は、そこにいたすべてのキャストが圧倒されるほど美しく、元気がみなぎるような輝きだった。

すると、セキュリティキャストの広瀬が近づいてきて、こう言った。

「金田さん、驚きました？」

「広瀬さん、これはいったい……」

すると、広瀬の背後から装飾担当のキャストたちが顔を見せた。

「金田さん、すみません……。キャストの皆さんがお疲れの様子だったので、ちょっとしたサプライズを……と思ったものの、何だか想像以上に皆さんを驚かせてしまったようで……」

装飾担当のキャストの話によると、笹の葉が黄色に輝いて見えるのは、特殊な技術による効果とのこと。ただ、その技術を指導してくれたのは、1カ月前にアルバイトとして入ったカストーディアル（清掃員）の立花だという。立花は平日、照明器具を製造する企業に勤めているため、今回のサプライズに加勢してくれたという。

すると、装飾担当のキャストたちに背中を押され、立花が姿を見せた。

「立花さん……すごいじゃないですか！　こんな素敵な光景を目の前で見られるなんて、一気に元気が出ましたよ」

「皆さんイベントの準備でお疲れのご様子だったので、ちょっと楽しんでもらえればと思いまして……」

「なるほど、そうでしたか。キャストたちを笑顔にするためのおもてなしだったのですね」

「いえ、おもてなしと言えるほどのことではありませんが、まぁ……そんな感じです」


周囲では拍手がわき起こり、イベントにかかわるキャスト全員が笑顔となった。

週末のみキャストを務めている立花は60歳のシルバー世代なのだが、平日の勤務先では部長を務めていたらしく、チームをまとめる力も期待できる。現在は定年退職間近ということで、週3日の勤務体制にて社員全体の指導係などを務めているとのこと。

また、昔からディズニーランドをこよなく愛していたらしく、いつかキャストになるのが夢だったという。

年間パスポートで通っていた立花に、ある日僕が声をかけたのを機に、その夢が現実へと変わった。初めは、「もう年だし……」とキャストになることをあきらめかけていた立花だが、会社からアルバイトの許可が出たことも一つの励みとなり、悩みに悩んだ末、先月からキャストを務めてくれることとなった。

口数は少ないが、元気のないキャストたちのためにこのようなサプライズを考えてくれる立花は、誇りに思う仲間の一人と言える。

そんな立花に、ふと感じた小さな疑問を投げかけた。

「でも、どうして金色にしようと思ったのですか？　驚かすなら赤とか青とか、もっと強烈な色もあったでしょうに」

すると立花は、金色になった笹の葉を見てこんなことを言った。

「星に照らされたことを想像して、金色にしてみたんです。年甲斐《としがい》もなくロマンチックなことをすると、やっぱり恥ずかしいですね」

「恥ずかしいなんて思う必要は全然ありませんよ。とても素敵だと思います。照明器具の製造にかかわるからこそ思いついた最高のサプライズですよ」

まさに、経験と知識が豊富なシルバー世代だからこその「おもてなしサプライズ」だと僕は思った。

ゲストの安全を守るためのマニュアルは存在するが、人を笑顔にするためのおもてなしのマニュアルは存在しない。そのため、キャストはその時その時に応じた行動を判断しないとならないのだが、年齢を重ねたキャストは経験や知識も豊富であることから、ゲストに対してあらゆる対応ができると共に、それらの知識を学生アルバイトなど若いキャストに伝えることもしてくれる。

また、ディズニーランドに訪れる方の客層も広くなったことから、ベンチの位置や文字の大きさなど、お年寄り目線の細やかな配慮も自ら対応してくれるのだ。

そのようなことから、ディズニーランドでは高齢者のキャストの割合も増えてきている。

だが、期待の宝庫とも言える立花には、解決しきれていない悩みがあるという。それは、ここで働いていることをまだ家族に話していないということ。

週末はゴルフをしていると嘘をつき、ここでキャストをしているらしい。

いったい、立花はなぜそのような嘘をつかないとならないのだろうか。ゲストだけではなく、キャストのことも笑顔にしたいという「真のおもてなし」の心を持つ立花の夢を、家族は反対しているというのだろうか。

―― 1カ月前 ――

「立花部長、先日のクレームの件ですが……」

いわゆる中小企業と言われる照明器具メーカーに勤める私は、入社して今年で35年目となる。

そして部長だなんて呼ばれてはいるが、そんなのは名ばかりの役職で、実際には部署を任されているわけでもなければ権限すらない。新人や成績の悪い社員の指導をはじめ、時にはお客から入ったクレームの対応をすることもある。部下を抱えてバリバリ働いていた頃とは打って変わってやりがいのない日々だ。

何か問題が起きるたび、ピンチをどうくぐり抜けるか、そしてミスをした社員がいたらどのような反省文を書かせるか、そんなことばかり毎日考えているのだ。

「あぁ、その件はすでに処理済だから、もう気にしなくていい」

口ではそう言っているが、心の中では「いつになったらまともな仕事をしてくれるんだ」「どうして細かいミスばかり繰り返し、私を困らせるのだ」と、出来の悪い社員への不満が溢れそうになっている。

会社というところは、本当につまらないところだ。

早く週末になってくれないだろうか。週末になれば、こんな現実をすべて忘れさせてくれる夢の国 ディズニーランドで羽を伸ばせるのに……。

今の会社に入社してしばらく経った頃、開園したディズニーランドへ子どもを連れて行き、私はあの空間に魅了された。そして、いつかディズニーランドで働きたい……というささやかな夢も抱いた。けれども、その夢はなかなか実現することができないまま、月日ばかりが流れていった。

子どもが自立したら……マイホームのローンを払い終えれば……、そんな安定という名のラインを引いているうち、とうとう定年間近な年齢となってしまったのだ。

そして半年前、妻に内緒でディズニーランドの年間パスポートを購入し、週末になるたびに通っている。今さらキャストになることはできないし、せめて「ディズニーランダーズ」と呼ばれるディズニーの住人になれれば……と。

待ちに待った土曜日、私はいつものようにディズニーランドを訪れた。

初夏のパークは、オリーブの葉が青々と茂っていて、それを見るだけで元気をもらえる。

ワールドバザールを通り過ぎて、オリーブ並木で暖かな風を感じていると、スーツを着た落ち着きのある男性が私に話しかけてきた。

「こんにちは、立花さん。オリーブの木、ところどころ花が咲き始めましたね」

「え……っと、どうして私の名前を？」

「あ、すみません。僕はキャストたちの教育指導を務めている金田と言います。僕の記憶が確かなら、半年ほど前にカメラのお忘れ物を取りにいらっしゃいましたよね？　あれから度々お見かけしていたので、印象に残っていたんです」

確かに、金田というキャストが言っていることは事実だった。

年間パスポートを初めて購入した日、私ははしゃぎすぎてしまい、手にしていたカメラをどこかへ置き去りにしたまま帰ってしまったのだ。帰宅後、そのことに気づいた私はすぐさまディズニーランドの問い合わせ窓口である「ゲストリレーション」へ電話をかけた。カメラの特徴を細かく伝えると、翌日、私のカメラと思われるものが見つかったとの連絡をもらい、会社帰りに取りに行ったのだ。

その際、たまたま受け渡しの時に居合わせたのが金田だったのだろう。申し訳ないことに、私の記憶はあいまいである。

それにしても、忘れ物を取りに行くような「よくあること」にもかかわらず、ゲスト一人の名前まで覚えていてくれたとは……、私は感動せずにはいられなかった。

「金田さん、覚えていてくださって光栄です。いい年してお恥ずかしいのですが、毎週来ていた甲斐がありました」

「いい年してだなんて、そんなことありません。立花さんと同世代のゲストはもちろんのこと、キャストだってたくさんいるんですすよ」

「私と……同世代のキャストが……？」

意識して辺りを見回すと、確かにチラホラと年配のキャストが見受けられる。

とはいえ、きっと昔から務めているのだろう。その旨、金田に尋ねてみた。

「あの方たちは、お若い頃からずっと勤められているのですか？」

「いいえ、そんなことはありませんよ。あそこで掃除をしている男性は、勤め始めてまだ3カ月くらいですし、向こうでゲストを誘導している女性は、たしか1カ月も経ってなかったんじゃないかな……」

金田が指す方々は、みんな私と同世代……いや、私より年を重ねている人もいた。

私は、自分の中にフツフツと熱いものが湧いてくるのを感じずにはいられなかった。

「あの……厚かましい質問かもしれませんが、例えば、私がここのキャストになることも不可能ではない……ということでしょうか？」

「もちろんですよ、その気がおありなら大歓迎です。夢を叶えることに、年齢制限はありませんからね」

それはまさに、心が動かされた瞬間だった。

笑顔溢れたこの空間で、コスチュームを着ることができたら……。ゲストと触れ合い、仕事にやりがいを感じることができたら……。自分の人生感が変わるかもしれない。そんな幻想を私は抱いた。

「さて、見回りはこのくらいにして事務所へ戻らなくては……。若いキャストに怒られてしまいますからね」

金田は、くったくのない笑顔でそう語ると、私に「楽しんでくださいね。それではまた」と手を振っていった。

私は、「それではまた」という言葉を、なぜかいつもより温かく感じた。いつかキャストという立場で再会できるかもしれない……そんな夢が胸の中で膨らんだ。

その夜、キャストになりたいという夢を、思い切って妻に話すことを決めた私は、夜のパレードが始まる前に家路についた。
食事の準備をしていた妻は、予定より早く帰宅した私を見て「まぁ、どうしましょう」と言い、自分の肉じゃがを半分小皿に移し、さらに乾麺のうどんを急いで茹で始めた。週末はいつも外で食事をすませてくるため、私の分は用意されていなかったのだ。私は、うどんを茹でる妻の後ろ姿に小声で語りかけた。

「ゆり子、ちょっと話があるんだけど……」
「え？　なぁに？　今よく聞こえないから、作り終わってからでいい？」

テキパキとした明るい性格のゆり子は、家事をこなしながら介護師の仕事を務めている。それが夢だったと聞いたことはないが、施設に入居している方々から感謝の手紙が届いたり、仕事先で撮った写真をキッチンに飾っていたり、それなりにやりがいを感じているからこそ家事と両立しながら仕事もこなしているのだろう。そんなゆり子なら、きっと私の夢についても賛成してくれるかもしれない……。

「あのさ、仕事のことなんだが……転職しようと思ってるんだ」

「……！」

菜箸《さいばし》を持ったゆり子が、キョトンとした顔で振り返った。

「今、転職……って言った？」

「ああ……」

「あなた、あと5年で定年よね？　なのに、どうして……？」

「夢が……あるんだ」

「夢……って？」

「いや、あの……」

うどんの茹で汁が鍋から吹きこぼれているものの、その音は今のゆり子の耳には入っていない様子だ。

「誰かに誘われたの？　どこか他の照明器具メーカーの社員にならないかって……？」

「いや、そうじゃない。今の仕事とは関係なくて……接客なんだ。人を笑顔にする仕事につきたいって昔から考えててさ。それに……社員になれるとも限らない。もしかしたら、アルバイトかもしれない。それでも……」

ゆり子は、吹きこぼれた鍋の火を止め、菜箸をどんぶりの上に置くと、小さく深呼吸して私の目を見てきた。

「ふ……ふざけないで！」

「……！」

「35年勤めた会社を、どうしてそんな簡単にやめられるの？　あと5年で定年なの

よ？　それに、隆史の大学の学費はどうするのよ、この家のローンだってまだ残ってるのよ」

「それは……」

「何が『笑顔にしたい』よ、人を幸せにするなんて、そんなに簡単なことじゃないんだから！」


想像を超えたゆり子の反応に、私は圧倒された。すんなりうなずいてくれるとは思っていなかったものの、こんなにも反対するとは……。

やはり、定年間近に転職をするなど、馬鹿《ばか》げた考えだったのかもしれない。

この時は、ゆり子の真意を考える余裕などなく、ただ反対されたことに肩を落としていた私だった。

＊＊＊＊＊

「あらやだ、イトさん……、それは海苔《のり》じゃなくて折り紙でしょう？　食べちゃだめよ」


介護師として務め、早10年が経とうとしている。

息子の隆史が私立中学へ入学したのを機に、私は専業主婦を卒業し、少しでも家計の足しになればと介護の資格を取得した。

夫は、それなりの照明器具メーカーに務めているものの、製造工場の給料は世間一般的に高いとは言えない。

しかし、二人で力を合わせれば、息子を大学にやることも夢ではない……という目標だけを見て、私は前に進んできた。それなのに、突然夫が転職したいと言い出し、私は頭の中がパニックになりそうだった。

人を笑顔にする仕事がしたいだなんて、それがどれだけ大変なことか知らないからそんな綺麗ごとが言えるんだと思う。私だって初めはそういう気持ちで介護施設に務め、様々な方のお世話をさせてもらってきた。でも、よかれと思って取った行動が、必ずしも相手にとって幸せなこととは限らない……。人を笑顔にしたり、孤独を解消したりすることは、どんなプロフェッショナルだって難しいことなんだと私は思う。でも、あれから1カ月が経つが、特に何も言ってこない。冷静になって考え直し、思い留まってくれたのだろうか。

「ゆり子さん、これあげる。おこづかいよ」

いびつな丸型に切り取られた折り紙を、小銭に見立てていると思われる。赤や黄色の折り紙の小銭を受け取り、「ありがとね、イトさん」と言うと、イトさんはにっこりと笑って部屋へ戻っていった。

とはいえ、認知症のイトさんから見た私は、「私」ではない。覚えのない思い出を、しみじみと語るイトさんは、私のことを誰かと重ねているため、あの笑顔は私ではない「誰か」に向けているのだ。

どことなく、やるせなさを感じながら、七夕で使う短冊の準備を始めた。1年を通

して様々なイベントが計画されている介護施設では、梅雨の季節を通り過ぎると、親切な近隣の人が笹の葉を届けてくれる。

人を笑顔にする以前に、しなくちゃいけない現実的なことは山ほどある。きっと、夫は軽はずみな考えで「人を笑顔にしたい」なんて言っているに違いない。

小さなボタンやガビョウなど、飲み込まないよう安全を守らなきゃいけないし、生活にかかわる仕事をしていたら、綺麗《きれい》ごとなんて言っていられないのだ。

それに、もしアルバイトなんて形態だったら、隆史の学費や家のローンはどうやって払っていくつもりだろう。

「ゆり子さん、どうかしたの？　笹で手でも切っちゃった？」

私に声をかけてくれたのは、この施設で一番若々しい貴子《たかこ》さんだった。

若々しいと言っても、とうに80歳は超えている。

「若いのにボーっとしちゃって、何かあったの？」
「若いだなんて……私、あと2年で60ですよ」
「私から見たら、ゆり子さんは若者よ」

くすくすっと上品に笑う貴子さんは、とてもしっかりしていて、施設のリーダー的存在でもある。

私は、そんな貴子さんに夫のことを相談した。きっと誰が聞いても反対するだろう。定年を目前に転職するなんて……。

すると、貴子さんからは意外な答えが返ってきた。

「私は、ゆり子さんのご主人の夢は素敵だと思うわ。応援してあげたらいいのに」
「そんな……、だって35年も勤めた会社をやめて、アルバイトになるかもしれないって言うんですよ？　いくら何でも、不安定すぎますよ……」
「不安定だっていいじゃない。夢のない生活の方が、ずっと不健康だと思うけど」

「夢がないと……不健康ですか？」

「ええ、私だってまだまだ夢があるの。孫とメールしたいからパソコン教室にも通ってるし、デジカメで写真を撮ることも覚えたいし、どんなささいなことでもみんな夢があるから笑顔でいられるんじゃないかしら。イトさんだって同じよ」

「え？　イトさんが……？」

「そう。旅館に務めていたイトさんは、みんなをもてなしたい……という気持ちがとても強いの。だから、どの顔が誰なのか分からなくても、人を幸せにしたいと思う気持ちは決して忘れてないのよ。それに、イトさんだって感じているはずよ、ゆり子さんにもてなしてもらっていることを……。だからイトさんはいつも笑顔でいるんだと思うわ」

「もてなすだなんて……私は、皆さんのお世話をさせてもらってるだけです」

「ゆり子さんはそう思ってるかもしれないけど、仕事以前に、ゆり子さんには人をもてなす心がそなわっているように感じるわ。調和を維持するおもてなしというか……」

「調和を維持する……おもてなし？」

「ええ、『いつも』を保つことは簡単なことじゃないもの。だから、家族に対しても仕事に対しても調和を維持することに努力を注いでいるゆり子さんは、とても立派だと思う。きっと、ご主人もそういうゆり子さんを見ているからこそ、人を笑顔にする仕事をしたいって思ったんじゃないかしら……」

「でも……」

「悩んでいるなら、一度行ってみたら？　ご主人が勤めたいと言っているところに……」

　貴子さんに相談したことで、少し心が軽くなった気がする。とはいえ、今さら夢の話をぶり返すのも気が引ける。あれから1カ月経つものの、特に何も言ってこないので、きっと一時的な気まぐれだったのかもしれないし……。

　そうは言っても、夫が勤めたいと思っているところとは、いったいどういうところなのだろう。もしまたその話になったら、今度は怒らず素直に聞いてみよう……と私は心でつぶやいた。

＊＊＊＊＊

立花がカストーディアルとして働き始めてから、数カ月が経った。

土日のみの出勤とはいえ、もうすっかりキャストの顔になってきている。

いまだにご家族には黙ったまま働いているらしいが、いつも目をキラキラとさせながら務めている立花のことを、いつかご家族も認めてくれる日が必ず訪れるだろう。

そんな立花に、僕は後ろからそっと声をかけた。


「どうですか？　ゲストとの会話を楽しんでますか？」

「金田さん……！　お疲れさまです。ええ、とても楽しいです。本当にこの数カ月が夢のようですよ」

「それはよかった。でも、平日は会社勤めで週末はキャストだなんて……お身体の方は大丈夫ですか？」

「ご心配ありがとうございます。会社勤めとはいえ、居てもいなくてもいいような立場ですし、肉体的に疲れるようなこともありませんから。それにここは平日の会社とは違って、上司と部下の責任のなすりつけ合いもなければ、だめな社員を叱ることもありませんから、私にとっては癒しのひとときなんです」

僕は、立花の言葉にどことなく違和感を抱いた。

いつも見ている笑顔の立花とは、少し違う立花の表情を見たというか、平日務めている仕事に彼は何らかの不満を感じているのだろうか。

「立花さんは、会社では部長さんを務めておられたと聞きましたが、部下にサプライズすることなんかもあったんですか？」

「サプライズ……ですか？」

「ええ、以前、倉庫に置いてあった笹の葉を照明効果で金色に塗り替えて、キャストのみんなを元気にしてくれたことがありましたよね？　あの時のように、社員の方々を元気にするおもてなしのサプライズを、会社でもしているのかなって……」

「まさか、そんなことはあり得ませんよ。部長を務めていたと言っても、いかに商品のコストを下げ、売り上げを上げるか……ということばかり考えていましたし、今は成績の悪い社員の指導やクレームの処理ばかりで……。平日の仕事なんて、そんなもんですよ」

「でも、立花さんにとってはカストーディアルも『お仕事』ですよね？」

「ええ、まぁ……。妻に認めてもらえれば、平日の仕事を辞めて、カストーディアルを本当の仕事にしたいんですけどね」

「そうですか、早くその日が来るといいですね。僕も、ご家族に理解されるよう祈ってますから。これからも一緒に楽しみましょう」

「いえいえ、そんな……一緒に楽しむだなんて……自分はもうゲストじゃないんです。上司である金田さんにこうやって親しくしてもらっているだけで充分です」

「そんなこと言わないでくださいよ、同じ『キャスト』なんですから。ここでは、上司と部下という立場はなく、みんなゲストを幸せにするためのチームなんです」

「チーム……ですか？」

「はい、僕たち自身が心から楽しまなければ、ゲストを笑顔にすることなんてできませんからね。だから、ディズニーランドでは上司や部下という立場は関係なく、みんなが認め合い、褒め合い、そして許し合い、人間のあるべき姿でいることを維持しているんです。そうすることで、自然とおもてなしの心を養うことができるんですよ」

「心から楽しむことで……おもてなしの心を養うことができる……？　それはとても素敵なことですが、本当にそのようなことが実現するのでしょうか？」

「もちろんです」

「でも、その理想を叶えるためには、誰かにしわ寄せがきますよね？　例えば、キャストが気持ちよく仕事をするためにコスチュームの清潔を保ったり、ゲストに喜んでもらうためにアトラクションやパークの装飾品のクオリティを保ったり……、そういったお金の配慮を誰かが陰でやりくりしているからこそ、パークで働く人は快くゲストにおもてなしができるんじゃないですか……？」

「立花さん、ウォルトはお金のためにディズニーランドを作ったわけではないんです。いいものを作れば、ちゃんとゲストは応えてくれる、多少高くてもそれに見合ったお金を出してくれる、そして必ずまたパークに帰ってきてくれる。僕たちが表も裏もない見返りを求めない心で行動することにより、誰もが笑顔でいられる夢の世界は実現しているんです」

「表も裏もない心で……見返りを求めない行動……？」

「そうです、相手に気づかれることが前提の気配りを「サービス」と言うとすると、相手に気づかれないように気配りすることを「おもてなし」と言うのだと思います。その『おもてなし』は、表も裏もない見返りを求めない心によって、自然と行動に出るんです」

「相手に気づかれないように気配りする……とは、例えばディズニーランドで言うとどのようなことでしょうか？」

「そうですねぇ、例えば……立花さんは照明器具のお仕事をされてますが、光をさえぎる時はどういう工夫をしますか？」

「光をさえぎる……？　それは、やはり壁を作る……とかですかね」

「確かに、それも効果的な方法だと思います。でも、ディズニーランドで各エリアに壁を作ってしまったら、迷路のようになってしまいますよね。音も同じなんです」

「音……ですか？」

「はい、各エリアの音楽をさえぎるためには、一旦消すこともできなければ、壁を作ることもできないんです。でも、それぞれの音を混ぜないように気を配らなければならない……。そこで考えたのが『滝』や『植栽《しょくさい》』なのです」

「滝……？　水の流れる音で、それぞれの音をさえぎる……というわけですか？」

「ええ、その通りです。それぞれのエリアで流している音楽を損《そこ》なうことなく、そしてゲストに違和感を与えることなく音楽を変えるため、アドベンチャーランドとウエスタンランドの境目には滝を設置しているんです。水のせせらぎは、海に囲まれている日本人にとってはとても身近ですし、心も落ち着きますからね。違和感を与えないということは、とても大切なおもてなしなんです。心地良ければ、ゲストは自然と『また来たい』と思ってくれますから」

「調和を維持するおもてなし……というわけですね。何だか、生活の一つ一つを見直したくなってきました」

「それは素晴らしい。立花さんの身の周りにも、きっとたくさんの『おもてなし』が見つかると思いますよ。そうそう、おもてなしと言えば、そろそろディズニーランド恒例の行事があるのはご存じですか？」

「恒例の行事……？　ゲストが楽しみにしているイベントか何かですか？」

「いいえ、キャストのための行事です。まぁ、楽しみにしててくださいよ」

＊＊＊＊＊

週末のみの仕事とはいえ、キャストとして務めることにもだいぶ慣れてきた。

妻に隠していることは心苦しいが、ゲストの笑顔を見ていると、平日の嫌なことなども忘れられる。

妻のゆり子とは、結局あれから一度も話し合えていないままだが、いつかきっと分かってくれると信じている。お互いの夢を語り合える日が、そのうち来るだろう……と。

そして今日は、前に金田が言っていたキャストのための行事『サンクスデー』だ。パークが閉園してから行われるとのことで、何だか学生に戻ったかのようにワクワクしている。

それにしても、上司であり教育指導の金田は、いつになく気さくである。困っているキャストがいれば迷いなく手を貸し、パークにゴミが落ちていれば、自ら拾ってゴミ箱へ捨てている。表も裏もない見返りを求めない心で行動するとは、きっとこういうことを言うのだろう。彼を見ていて、そう感じた。

「いよいよ始まりますね」

私服に着替えてきた同世代のカストーディアルが、私にそう言ってきた。

すると、その後ろから若いキャストがこう言った。

「今年の社長の掃除、少しはうまくなったかな。楽しみだなぁ」

「社長の……掃除？」

私は耳を疑った。この広いディズニーランドを取り仕切る社長が、自ら掃除をするというのか？

同世代のキャストは、「あれ？　聞いてないんですか？」と言いながら、笑顔で答えてくれた。

「サンクスデーは、現場で働いているキャストが年に1回もてなされる日なんです」

「年に1回……もてなされる……？」

「はい、パーク閉園後に役員や社員の方々が、普段キャストとして働く我々をゲストとしてもてなし、感謝の気持ちを伝えてくれるイベントなんですよ。キャストの約7

割が参加するのですが、我々にとっては自らの仕事の重要性を実感する機会にもなるんです。もてなしてくれる役員や社員たちも、テーマパークの魅力を再認識していますし、その夜は組織や立場にとらわれることなく園内に笑顔が溢れ、楽しい時間を過ごすというわけです」

「なるほど、それにしても社長までが掃除を？」

「そうなんですよ、私も最初は驚きました。でも、ここではそれが『常識』なんだそうです。もてなされることで、もてなすことを覚えてもらいたい……というのが、ディズニーランドの教えなんでしょうね。でも、参加すれば立花さんも分かりますよ」

「え？　何がですか？」

「もてなしてくれる社員が、我々のことを本当の家族のように思ってくれている気持ちですよ。キャストを家族のように大切にすると、自然とキャストはゲストを大切にする……これはウォルトの精神を形に表したお祭りなんです。大切にされると、誰かを大切にしたいという気持ちが自然に溢れますよね」

もてなされることで、もてなすことを覚える企画を実行するとは、ディズニーランドは本当に「おもてなし」を徹底しているのだと改めて痛感した。

そう感じた次の瞬間、パレードでも始まるかのような派手な音楽が流れ、サンクスデーはスタートした。

ディズニーランドに対して私が感じていた心地良さは、そのような徹底した教育のお陰で、感じることができていたのだろう。

そして、初めて体験するサンクスデーは、驚きと感動の連続だった。

エリアの音楽をその日だけの仕様に変えてしまったり、キャストだけしか見られない特別なショーの公演があったり、ディズニーランドの会長と社長もコスチュームを着てお出迎えしてくれたのだ。

その日だけの『特別運営』でレストランやアトラクションが楽しめ、数々の感動が提供された。

掃除をしている社員、駐車場で誘導している上司、そして料理をもてなしてくれる社員……平日の会社では、見たことのない光景が目の前に広がっていた。

するとと、カストーディアルのコスチュームを着た金田が、ほうきとチリトリを手に持ちながら近づいてきた。

「立花さん、どうですか？　このコスチューム。なかなか様になっているでしょう？」

金田は、得意げにクルっとほうきを回して見せた。

「ええ、まぁ、何というか……私はスーツ姿の金田さんを見慣れているので、少々違和感を……」

「確かに、そうかもしれませんね。でも、私も昔はカストーディアルだったんですよ。そうじの神様と呼ばれる恩師に仕事を叩き込まれ、それはもう大変でした」

「え？　金田さんも現場のキャストだったんですか？」

「もちろんです。それに、ディズニーランドの社員は、入社するとまず掃除を体験す

KANEDA

るんです。綺麗な環境を保つためには、ゲストが汚せないくらい完璧に掃除をすることが秘訣なんですよ。掃除は、エンターテイナーとして一番最初に覚えるおもてなしですからね」

「なるほど……掃除はおもてなしの原点……というわけですか」

「おっと、かたい話はこれくらいにして。立花さん、今日は思いっきり楽しんでくださいね。それも仕事ですよ」

楽しむことが仕事……。そういえば、前にも金田はそんなことを言っていた。キャスト自身が心から楽しまなければ、ゲストを笑顔にすることなんてできない……と。また、ディズニーランドでは上司や部下という立場は関係なく、みんなが認め合い、褒め合い、そして許し合い、人間のあるべき姿を維持することによって、自然と人をもてなす行動ができる……とも言っていた。

私は、今までの自分の考え方や行動を、恥ずかしく思った。

会社は『つまらないところ』と思い込み、嫌なことを我慢するのが『普通』だと思っていた。部長という立場で部署をまとめていた頃も、上司と部下がお互いを認め合うなんて一生無理だと決めつけていた。

でも、もしかしたら自分でそういう環境を作っていただけかもしれない。

誰かと責任のなすりつけ合いをするのではなく、表も裏もなく見返りを求めない心で部下と接していれば、気持ちよく仕事をすることもでき、自分たちが作り出した商品を手に取ってくれる人を笑顔にしたい……という気持ちも湧いてきたかもしれない。

私は、とてもシンプルな質問を金田に投げかけた。

「金田さんにとって、仕事で最も大切にしていることは何ですか？」

すると金田は、考える間もなくこう答えた。

「遊び心ですよ。心に余裕がないと、誰かのことを笑顔にしたいとか幸せにしたいとか、考える余裕が持てませんからね。特に、ゲストに幸せを提供する私たちは、常に心に余裕を持っていなければならないんです。だからこそ仲間を信じ、誇りに思い、支え合って仕事しているんです」

仕事に「遊び心」が必要だなんて、今まで考えたことなどなかった。そのようなことを意識している会社が他にあるだろうか。

そう考えていると、金田は続けてこう言った。

「立花さん、何か迷うことや悩むことがある時は、おもてなしの神様に聞いてみてはいかがでしょう」

「おもてなしの……神様？」

「はい、そうです。誰の心の中にも、おもてなしの神様はいるんですよ。表も裏もない心で見返りを求めずに目をつむると、おもてなしの神様は本当に大切なことを教えてくれるんです」

「……！」

「立花さんは前にキャストを笑顔にしてくれましたよね。ほら、お得意の照明技術を使って。あの行動は、誰かに対して見返りを期待したわけではなく、純粋にみんなを喜ばせたいと思ったことにより、自然と取った行動だと思います。だからこそ、キャストたちに笑顔が溢れたんです。だから、もし今立花さんが何らかの問題と向き合っているのだとしたら、あの時のように表も裏もない心でその問題と向き合うことによって、きっと取るべき行動が見えてくるのではないでしょうか」

金田の言葉を聞いて、私は改めて辺りを見渡した。

上司とか部下とか、組織や立場にとらわれることなく笑顔が溢れている空間……。

嫌なことを我慢するのが『普通』ではなく、仲間を敬い、もてなし合う関係……。

自分自身が楽しむことによって、心に生まれた余裕がこの平和な環境を作り出しているんだ。

もしかすると、ディズニーランドで働くことを「いい年して恥ずかしい」と私自身が思っていたから、妻に気持ちをちゃんと伝えることができなかったのかも……。

私が指導している社員に対しても同じだ。一人の人間として認め、褒める時は褒め、そして許し合うことで、このような環境を作り出すことができるかもしれない……。

「金田さん、ありがとうございます。私の中のおもてなしの神様が、答えを教えてくれた気がします」

ほうきで足元のゴミをササっと陽気に掃いて見せた金田は、「それではまた」と言って隣のエリアへ歩き出した。

ここは、夢の国と言われているが、もしかすると人間が人間らしくいられる本来の空間なのかもしれない。

私は、心の底からそう感じた。

感謝と感動の連続だったサンクスデーを終え、またいつもの平日を迎えた。

いつもの時間にいつもの電車に乗り、そしていつもの席に着いた私だが、そこから見る社内の景色は、ふしぎといつもと違った。

するといつもと違った入社2年目の星野が私の席に来て、いつものごとくクレーム対応について質問してきた。

「立花部長、先日入ったクレームの件ですが、どうしても納得ができないんです」

星野は、元々私が任されていた部署の部下だったのだが、どうにもこうにも成績が上がらず、クレーム部署へと回された。それと同時期に私は60歳を迎え、社員全体の指導やクレーム処理の仕事をすることとなったのだ。そして再び星野の面倒を見ることとなったのだが、部下だった頃の名残で彼は自然と私を「部長」と呼ぶ。

私は、星野がクレームに対して『納得できない』と言っている意味を、未熟だと決めつけずにちゃんと聞いてみようと思った。

「星野君、納得ができない……とは？」

「はい……あの……」

「君の思っていることを正直に話してごらん」

「照明器具の取り付け方が分かりにくい……などのクレームなら、それは仕方がないと思うんです。取扱いに慣れてない方なら当たり前でしょうし、もちろんご理解いただけるまでご説明します。ただ……」

「ただ……？」

「むやみに不良品だと言われることは、納得ができないんです。ご存じの通り、僕は何をやっても成績が伸びませんが、この会社の製品のことは本当に好きなんです」

「……！」

「だから……使い方が分からないからって、安易に不良品だと言われることだけは、納得できないんです」


星野は、悔し涙を浮かべながら、私の目をまっすぐに見てそう語った。

今まで私は、彼に「成績の悪い社員」というレッテルを貼り、まともに真意を聞くことすらしてこなかった。発注ミスやクレーム対応などで失敗するたび、反省文の書き方しか教えてこなかった。こんな風に、彼の心の言葉をもっと早く聞いていれば、彼なりの仕事のスタイルを見つけてあげることができたかもしれない。上司とか部下とか関係なく、同じ目線で一つの仕事に向き合っていれば、彼が今感じている「悔しさ」を仕事のバネに変えてあげることもできたかもしれない。

「星野君、たしか君は企画部希望って言ってたよね？」

「ええ、まぁ……そうでしたが」

「その気持ちは、もう変わってしまったかな？」

「いいえ、変わりありませんが、僕なんてまだまだ……」

「そんなことない、商品に対するその愛情があれば、きっと夢は叶えられると私は思うよ。来年の春に向けた新商品企画の社内公募に、チャレンジしてみないか？」

「え!?　僕が……ですか？」

「あぁ、企画部に行けるチャンスをつかめるよう、出来る限り私も協力するよ」

星野は、まるで学生のように「はい！」と返事をすると、背筋を伸ばして席へ向かった。

私は、ディズニーランドで学んだ数々の経験を思い返した。

今までは、息子の学費や家のローンのために我慢しなきゃ……と思って嫌々こなしていた仕事だが、表も裏もない見返りを求めない心で見つめ直すことにより、社員にも自分自身にもやりがいを与えることができるかもしれない。

きっと、私にはまだここでやるべきことがある。ディズニーランドへ転職することを考える前に、おもてなしの心でもう一度社員たちと向き合いたい。与えられている仕事を、もう一度ちゃんと見つめ直したい。

そして、妻とももう一度ちゃんと話し合ってみよう。いつかディズニーランドで本格的に働きたい……という夢を、真剣に伝えてみよう。

早く帰ることを念のため妻に伝え、私はあるところに寄ってから家路についた。

玄関を開けると、香ばしいカレーの匂いが漂ってきた。

「あら、あなた。おかえりなさい」

「ただいま」

「急に早く帰るなんて言うから、カレーにしたの。突然帰る時はいつも乾麺のうどんだから、それも飽きたかなと思ってね」

そういえば、あの日も妻は気遣ってくれていた。

数カ月前、キャストとして働きたいという思いを伝えるため、いつもより早く帰ってきた時、自分の肉じゃがを半分小皿に移し、急いで乾麺のうどんを茹でてくれたあの時のことを私は思い出した。

当たり前に食べていた〝いつもの夕飯〟は、相手に気づかれないように気配りする「おもてなし」によって、妻は調和を維持していたんだ。

日常の中のささいなことも、今なら感謝することができる。私は、心を静めて妻に語りかけた。

「ゆり子、前に話した転職のことだけど……色々と心配かけてすまなかった」

「何よ、突然……」

「じつは僕、週末だけディズニーランドで働いてるんだ。アルバイトとしてカストーディアルという清掃員をやっている」

「……知ってるわ」

「え……？」

「私こそ、ごめんなさい。実は2カ月ほど前、こっそりとあなたの後をつけていったの。ゴルフクラブ一式を駅のコインロッカーに預け、電車に乗り込むあなたの後を……」

「……」

「そうしたら、あなたは舞浜《まいはま》駅で降りて……。私はてっきり誰かと待ち合わせしているのかと思ったら、スタッフの通用口から入っていくのを見て、あぁ、あなたの働きたいって言ってたところはディズニーランドだったんだ……って分かったの」

「それで……ずっと見て見ぬ振りをしててくれたのかい？」

「ええ、ただちょっと身体が心配だったけど……。私こそ、一方的に自分の安定ばかり考えてしまってごめんなさい。でもね、施設に入居してる貴子さんて方は、初めからあなたの夢を『素敵』って言ってくれていたのよ」

「貴子さんが？」

「あなた……貴子さんを知ってるの？」

「あ、いや、さっき初めて会ったばかりなんだけどね」

「……！」

最近、風邪気味で仕事を休んでいる妻だが、お世話をしている人たちの心配をしていたため、近況報告ができれば……ということと、妻が大切にしてきた仕事場をこの目で見たいという思いがあり、家路につく前に彼女の職場へ寄ったのだ。

その時、貴子と名乗る80代の女性に声をかけられ、色々と話し込み、家族に対する妻の愛情深さ、入居者に対する温かさを、これでもかと知ることができた。

自分の気持ちを伝える前に、妻のことをよく知っておきたい……表も裏もない心で自分と向き合うことによって、おもてなしの神様がそう教えてくれた。

「ゆり子、週末……二人でディズニーランドへ行かないか？」

「でも……週末はあなたバイトがあるんじゃ……」

「定年までのあと5年、僕は今の仕事でできる限りのことを尽くそうと思うんだ。もちろん、家族に対しても……。だから、そろそろディズニーランドは卒業しようと思う。そしてまたいつか、働く日がくればいいなと思ってる」

「……。私、乗り物酔いするけど、それでも楽しめるかしら？」

「え？」

「あなたの心が動かされたディズニーランドへ……一緒に行ってみたい。そして、あなたのこれからも心から応援したい」

こんなにもキラキラと輝く妻の瞳を見たのは、何年ぶりだろう。いや、私が気づいていなかっただけかもしれない。

「ゆり子……ありがとう」

そして私は、入居者の貴子さんから預かってきたものを妻に渡した。

「これ、みんなから……？」

「あぁ、そうだよ。ゆり子に感謝している施設の皆さんからの気持ちだって」

それは、妻を慕《した》ってくれている方々からの温かい手紙だった。

私がゆり子の夫だということを伝えると、あれよあれよと人が集まってくると共に、体調を心配した手紙やメッセージカードを次々に渡されたのだ。

妻は、目に涙を浮かべながら、それらを一つ一つ読み込んでいた。

さらに、次の封筒を開くと、中から色とりどりの丸い紙が大量に出てきた。ぎこちない丸型に切り取られた、赤や緑の折り紙が百枚以上出てきたのだ。

添えられているメモには、『ゆり子ちゃんの　おこづかい』と書かれている。

「イトさん……」

どうやら、妻が休んでいる間に貯まった「おこづかい」が詰め込まれていたようだ。

妻は溢れる涙をぬぐいながら、「ありがとう……イトさん、ありがとう」と何度も何度も言っていた。

私は、ディズニーランドに勤めたことにより、かけがえのないものを得ることができた。

わずか数カ月間ではあったが、その期間は生涯にわたって私を幸せにしてくれた。

いや、私たち家族に一生分の幸福感を与えてくれた。

環境が変わらなくとも、ものの考え方や見方を切り替えることで、人生はいくらでも変えることができる。

表も裏もないおもてなしの心があれば、人を笑顔にすることもできる。

人間本来の姿で、私たちは人生を変えることができるのだ。

週末、私は妻とディズニーランドへ行った。

久々にゲストとして訪れたパークはとても新鮮で、そして私たちを温かく迎えてくれた。

金田は、卒業した私に「またいつでも戻って来てくださいね。夢を叶えることに年齢制限はありませんから」と優しく声をかけてくれ、その言葉に私も希望の光をもらえた気がする。

妻は、おもてなしに溢れたパークを見渡し、うなずくようにつぶやいた。

「本当だわ、貴子さんが言っていたように、いくつになっても夢を持つって大切なことなのかも……」

「うん、そうかもしれないね」

「ここは、夢に溢れているわ。夢は、希望の光となって未来を照らしてくれるのかも。きっと、あなたも照らし続けてくれていたのね……」

「え……?」

「私たち家族の一歩前を、いつも照らしてくれていたのかも。だから私たちは安心して前へ進むことができた……心から笑顔で生活してこられた。今度は、私があなたを照らしてあげる。あなたがこの先もずっと笑顔でいられるように、スポットライトを当て続けてあげるから」


妻の清らかなおもてなしの光によって、これからの人生が輝かされる気がした。

＊

ディズニーランドのキャストを卒業した人は、必ずと言っていいほどゲストとして戻って来る。

だから、卒業したからと言って「お別れ」ではなく、キャストとして同じ時間を過ごした仲間は、形は変わろうと生涯を通して「仲間」なのである。

そして、立花もその一人となった。ディズニーランドで培ったおもてなしの種を、今度は違う地で花を咲かせるべく、人間本来の姿で旅立っていった。

おもてなしの心が、たんぽぽの綿毛のように全国へ広がることは、とても幸せなことだ。

世の中のすべての人が、表も裏もない心で見返りを期待しない気配りに溢れたら、どんなに幸せだろう。

人々が認め合い、許し合い、人間本来の姿で人生を豊かに生きる世界……それこそウォルトが望んでいた世界と言える。彼の生きた証の中に、こんなメッセージが残されている。

『ディズニーランドは子どもだけを相手に作っていない。人はいつから子どもでなくなるんだい？　大人の中に、子供心が消え去ってしまっていると、言い切れるのか？いい娯楽であれば、若者にも老人にも、誰にでもアピールできると信じている』

ウォルトは、どんな人間の心にも『無邪気な心』『純粋な心』があると信じ、ディズニーランドを通じてそれを呼び覚ますことを努めた。

もちろん、人には様々な面がある。表と裏だけではないかもしれない。けれども、人間一人一人が心の中に必ず存在する「おもてなしの心」と向き合うことで、「夢の国」が現実の世界で作れるのかもしれない。

そんな大きな野望を抱き続けた僕は、15年勤めたディズニーランドを卒業し、たんぽぽの綿毛のごとくおもてなしの種をまき始めた。

時には、日本を代表する車の製造会社にまいたり、空のおもてなしに徹する航空会社にまいたり、その種は日に日に広がり、そして十数年の月日をかけて花を咲かせ続けている。

月日は流れ、ディズニーランドの横には七つの海をイメージした「ディズニーシー」が建設された。僕がキャストとして務めていた頃にはなかったディズニーシーには、新たなウォルトの夢がたくさん詰め込まれていた。子どもを主役とし、アトラクションを楽しむことがメインとされているディズニーランドとは違い、主に大人をメインとしているディズニーシーは、パーク内に「ミラコスタ」というホテルもあり、さらなるおもてなしの輪がディズニーリゾートに広がっているのだ。

そんな夢の詰まった空間は、疲れた時こそ癒してくれる。僕は、仕事が早く終わると、広い庭を散歩するつもりでディズニーリゾートへ向かう。その際は、健康維持のために一つ手前の駅から歩くことにしているのだが、途中で休憩する公園にて小さな友達ができた。

その子の名前は「弘明」と言い、キャストを務めている母親の帰りを待っているという。今年小学生になったばかりの弘明は、2歳の時に父親を事故で亡くし、それからずっと母親と二人で暮らしているとのこと。

生活費を稼ぐためにフルタイムで働く母親を途中まで迎えに来ることで、少しでも一緒の時間を作ろうとしているのだろう。

健気な弘明は、僕の顔を見かけると駆け寄ってきて「金田のおじちゃん、こんにちは！」と元気に声をかけてくれる。また、「たまにはママと遊びたい」とボヤきつつも、それを母親の前で口に出したことはないそうな。母親の大変な状況を察してわがままは言えない……と小さいながらに気を使っているのだ。

そして、いつものように公園のベンチで弘明とディズニーの話に花を咲かせていると、仕事を終えた弘明の母親が自転車に乗って現れた。しかし、その姿は明るく健気な弘明とはまるで別人の姿だった。

【第3話へ続く】

第３話

世界にひとりの魔法使い

ディズニーランドを卒業した僕は、培ったおもてなしの種をまき続けている。

様々な企業の社員教育を始め、各地で講演会を開催するなど、多くの人の心を豊かにする活動に精を注いでいるのだが、そのような活動をすることとなった原点のディズニーリゾートへ今もなお足を運んでいるのだ。

その際、健康維持のために一つ手前の駅から歩くことにしているのだが、途中で休憩する公園にて、僕には小さな友達ができた。

その子は弘明という小学１年生の少年で、母親はディズニーシーのパーキングロットキャスト（駐車場の誘導員）を務めているという。そこの公園は母親の帰り道でもあり、友人と遊んだり、時にはひとりで砂遊びをしながら母親を待っているとのこと。

また、シングルマザーで自分を育ててくれている母親に心配をかけたくないと、愚《ぐ》痴《ち》一つ言わない優しい少年である。

そんな弘明が、いつものように公園で遊びながら母親を待っていると、仕事帰りの弘明の母親が自転車に乗って現れた。しかし、その姿は明るく健気な弘明とはまるで違い、人を寄せ付けない雰囲気というか、どことなく影がある。待っていた弘明に抱きつかれても、その表情が変わることはなかった。

とはいえ、休みなく働いているということを弘明から聞いていたため、たまたま今日に限ってそのような表情なのかもしれない……と考えていると、弘明の母が自転車から降り、僕の方を向いてこう言った。

「あの……時々ここで弘明と会うという金田さんですか？　ディズニーの話をよくし

てくれるという……」

「あ、はい。はじめまして、いつも弘明君には仲良くしてもらっており……」

「失礼ですが、弘明と会ってもディズニーの話をしないでもらえます？」

「……それは、どうしてでしょう？　弘明君、ディズニーランドもシーも大好きみたいですよ」

「知ってます。だからこそ、私がディズニーシーに勤めていることで、あの子は変に期待しちゃうんです」

僕たちの様子を見上げている弘明は、大切に持ち歩いている熊のぬいぐるみのダッフィーをぎゅっと抱きしめた。

「変に期待……とは？」

「ママは毎日ミッキーに会えるの？とか、魔法を使えるの？とか……」

「えっと……、どうして期待されたらいけないんですか？　お子さんに尊敬されるのは、素敵なことだと思いますが……」
「だって、私はパークの外の駐車場勤務に過ぎませんから。ミッキーにも会えなければ、魔法と言われるパフォーマンスもできませんし……。だから、変に期待させたくないのと……自分がみじめになるんです」

そう言うと、弘明の母親は自転車の後ろに弘明をヒョイっと乗せ、「失礼します」と言って帰って行った。僕の方を振り返る弘明に対し、とっさに笑顔で手を振ったものの、彼女の言葉がなかなか耳から離れなかった。

教育責任者を務めている頃だったら、きっと「そんなことない、パークの中も外も同じく、キャストはみんなエンターテイナーという名の魔法使いです」と指導したかもしれない。けれども、僕に対してあまりいい印象を持っていない彼女に、今この状況でそんなことを言っても、おそらく僕の言葉は耳に入らないだろう。たったひとりで弘明を育てるにあたって、僕たちの想像を超える苦労もたくさんしてきたと思われる。その上で、弘明のために……という様々な答えを出してきたのかもしれない。

そう考えると、彼女の教育指導でも何でもない僕が、キャストとしての心得を今教えたとしても、今の彼女の耳に届くとは思えないのだ。

とはいえ、ダッフィーを抱きしめていた弘明の複雑な顔も忘れられない。大好きな母親のこわい顔を見て、嫌な思いをさせてしまったに違いない。僕自身、このままだと彼女のことがよくない印象のままとなってしまう。後日、シーへ行く機会がある時にでも、弘明の母親が務める様子を見てみよう。パーキングロットキャストとして働いている姿は、きっと笑顔が溢れているに違いない。

数日後

休日、舞浜にあるレストランで友人とランチをすませた僕は、友人と別れたのち、その足でディズニーシーへ行くことにした。長らく休みを取っていなかったため、今日は思う存分ゆっくりとパークの中を歩き回ろうと決めた。

ドライブがてら車で来ていた僕は、ディズニーシーのパーキング入り口へ向かった。すると、数十台ほどの車列ができていたが、思ったよりも並んでいない。僕は、その列に並びながら数日前のことを思い出した。

弘明の母親のことについて、現役の元同僚に聞いてみたところ、彼女はとても真面目な性格で、後輩たちからも気軽に「美咲《みさき》さん」と呼ばれ、信頼も厚いとのことだった。勤めて半年ほど経つらしいが、当日欠勤するようなこともなく、ゲストに対しても朗《ほが》らかに対応しているという。それを聞けて、僕は少し心が軽くなった。

そうこうしているうち、僕は駐車場内へ入場した。そしてパーキングロットキャストに誘導されながら車を進ませていると、外からカンカラカンという音が聞こえた。車の窓を開けてみると、どうやらゲストが空き缶を落としてしまったと思われる。しかし、若い学生のキャストたちは車の誘導に集中していて、落ちた空き缶はそのままとなっているのだ。

仕方がないので僕が回収しようと思った次の瞬間、どこからともなく美咲が駆け寄ってきて、落ちている空き缶を素早く拾い、そして若い学生キャストにこう言った。

「ゲストが空き缶を捨てたことに、気づかなかった？」

するとそ若いキャストは「気づいてましたが、誘導中だったのであとで拾おうと思ってました」と言った。その回答に対して美咲は、少々厳しい口調で返した。

「あとでなんて、だめよ。空き缶一つだって、命にかかわる事故につながるんだから」

美咲の言うことはもっともだ。確かに、空き缶を避けようとしてハンドルを急に切ったりしたら、衝突事故だって起きてしまうかもしれない。

僕は、美咲の「真のおもてなし」の行動に心を打たれ、車を駐車したのち再び美咲のところへ戻って声をかけた。

「美咲さん、こんにちは」

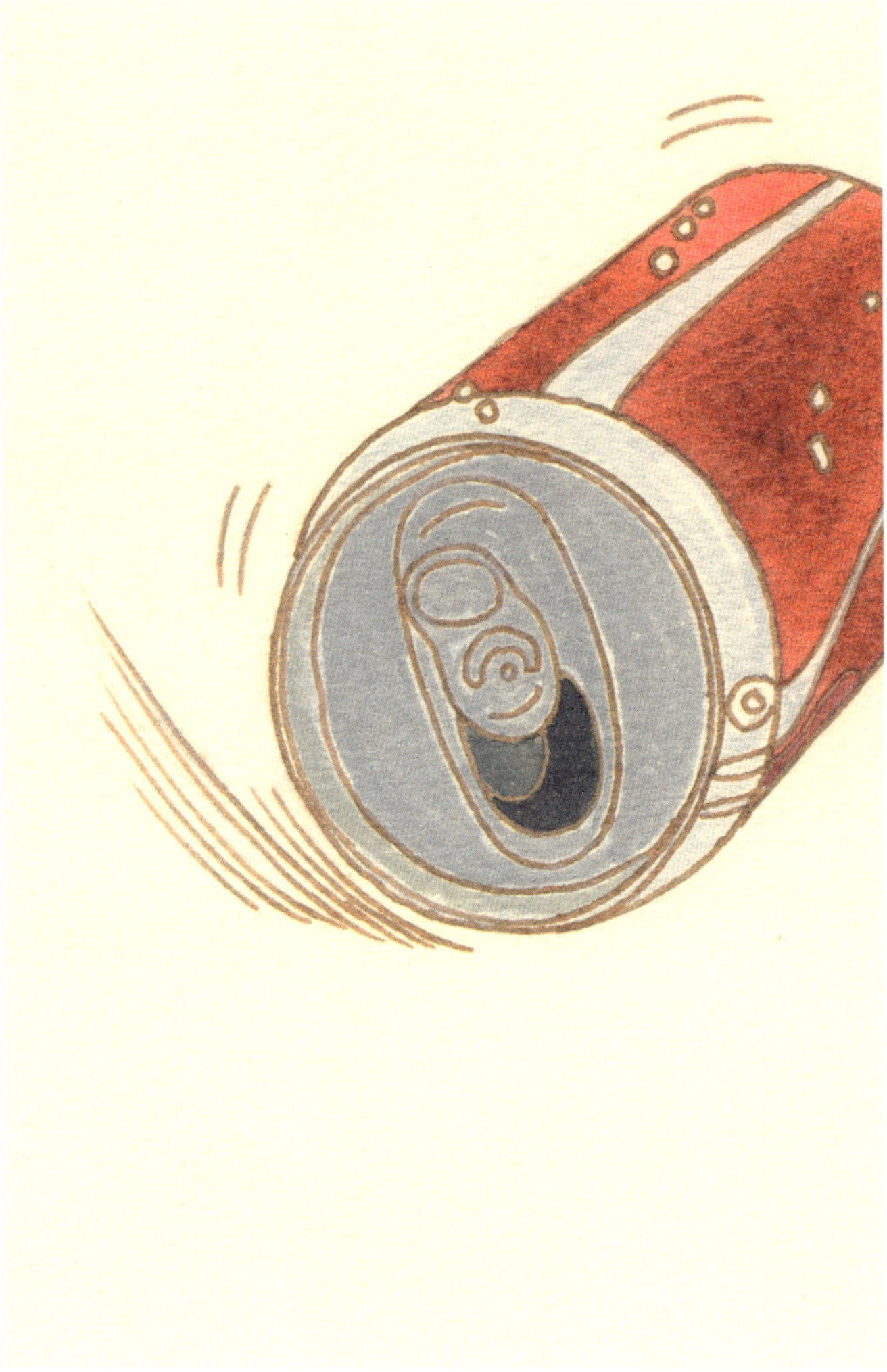

僕の方を振り返った美咲は、何とも複雑な表情をしていた。

「金田さん……？　どうしてここに……」

「先ほどの素早い対応、素晴らしい気配りでしたね。きっと若いキャストもいい勉強になったと思いますよ」

「……」

「あ、突然すみません。じつは昔ここで働いてましてね。ユニバーシティで教育責任者をしていたんですが、その時のクセでつい一言声をかけたくなってしまいましてね」

「ユニバーシティって……ディズニーの文化やパーク全体の仕組みを教える、あの……？」

「まぁ、そうですね。開園当時は、カストーディアル（清掃部門）のスーパーバイザーをしてました」

「そうだったんですか……それは大変失礼しました」

「いえいえ、今の僕は、弘明君のただのお友達ですから」

共通するつながりが見つかったおかげか、美咲はようやく僕の目を見て話してくれた。

「それにしても、先ほどの行動は素敵なおもてなしの心です」

「おもてなしというほどのことでは……」

「美咲さんが取った行動は、表も裏もない心で見返りを期待しない行動でした。それが『真のおもてなし』なんですよ」

「そんな……、身内を事故で亡くしたことがありますので、ちょっと敏感になっちゃって……」

「そうでしたか……。あ、もしかしてそれでパーキングロットキャストに？」

「いいえ、そんなちゃんとした理由じゃありません。ずるい考えかもしれませんが、

ディズニーランドのキャストになりたいという人は、だいたいパークの中の仕事を希望する人が多いと聞いたので、少しでも面接を有利にできればと、人気の低い部署を希望したんです」

「美咲さんは正直な人ですね。ともあれ、その作戦は成功したってわけですか」

「すみません……」

「僕にあやまる必要なんてありません。それに、ここで働くきっかけは何でもいいと思います。そのお陰でたくさんの仲間にも出会えたでしょうし、ゲストから『笑顔』という最高の報酬もたくさんもらったでしょうし。これからもがんばってくださいね」

数日前に会った時とは打って変わってイキイキと働いている美咲を見ることができた僕は胸をなでおろし、パークへと向かった。

――１カ月前――

「ママ、お弁当まだ？」

夫を事故で失い、５年の月日が過ぎた。

子育てと仕事を両立させることには慣れてきたものの、やはり女手一つで子どもを育てるのは想像を超した苦労の連続だった。

弘明は食物アレルギーがあるため、小学校の給食は食べられず、毎朝お弁当を持たせている。また、小学校では保護者のボランティア活動もあり、強制ではないにしても弘明のためを思うとまったく参加しないわけにもいかない。

そんな慌ただしい日々の中で、弘明をどこかへ連れて行ってあげることもできず、見るに見かねた私の母が、時々弘明と出かけてくれるのだ。

ディズニーシーに勤めて半年が経てば、会社から定期的に入園チケットを配布されるので、弘明をディズニーシーへ連れて行ってあげられる。ディズニーランドには連れて行ったことがあるものの、シーへは行ったことがないため、弘明もその日が来るのをとても楽しみにしている。

そして今日は、母が弘明を図書館へ連れて行ってくれることになっているのだが、外食せずにすむようお弁当を持たせることになっている。母は、「お昼ご飯くらい私が出してあげるから」と言ってくれるが、贅沢《ぜいたく》に慣れてしまったらあとがつらいのは弘明だから……。

「ねぇ、ママってばー、お弁当まだ?」

「はいはい、もうすぐできるから、ちゃんと靴下はいて待ってて」

するとと弘明は、ぶきっちょに靴下をはきながら、こんなことを言った。

「ねぇねぇ、ママも魔法使いなの?」

「え?」

「ディズニーで働いている人は魔法使いなんだって、公園でよく会う金田のおじちゃんが言ってたから」

「金田のおじちゃん……？」

「うん、すっごくディズニーに詳しいんだよ。働いてる人のこととか、色んな話を聞かせてくれるの」

「そう……、でもママは駐車場のお仕事だから、パークの中の人とは違うの。魔法なんて使えない」

「そうなんだ……」

「ほら、早く靴下はいちゃって」

「じゃあ、ミッキーに会ったことある？」

「遠くから見たことなら……」

「すごい！　ママは毎日ミッキーに会ってるの？」

「会ってるわけじゃないよ、ちらっと見ただけ」

「ふーん。じゃあ、ドナルドには？　ドナルドには毎日会ってる？」

「ドナルドにも会ってないよ」

「じゃあ、じゃあ……」

「弘明、ママはディズニーへ遊びに行ってるわけじゃないの！　お仕事しに行ってるの！　駐車場で車を誘導してるだけなの！　だから、この先もずっとミッキーには会えないし、ドナルドにも会えない！　分かった？　ほら、早く準備しないとおばあちゃんが迎えに来るわよ！」


つい感情的になってしまい、はしゃいでいる弘明を叱ってしまった。

せっかくお出かけする日だというのに……それに、本当なら私が連れて行ってあげるべきなのに……。色々なことをいっぺんに考えているうち、つい弘明にあたってしまった。

私がパークの中のキャストだったら……弘明が自慢してくれるような話もできたかもしれない。でも、そんな競争率の高い部署を希望していたら、きっとシングルマザーの私なんて受からなかっただろう。

ああ……夫が生きていてくれたら、心にも生活にも余裕が持てるのに……。

家族3人で細々と暮らせれば、それだけで幸せだったのに……。

夫は、車内に転がっていた空き缶がブレーキペダルの下に入り込んでしまったことにより、カーブでスピードを落とせずそのまま壁に衝突し……即死だった。

駆けつけた時にはまだ体が温かく、2歳だった弘明は夫の手を握りながら「パパどうして寝てるの？」と泣いている私を見上げて何度も聞いてきた。

顔にかぶされている白い布を、最後までめくることができなかった私は、現実と向き合わないまま5年の月日を過ごした。

夫を亡くして初めの1年は、本当に壮絶な日々だった。生活するための支払いもどんどん溜まっていき、弘明を食べさせるだけで精一杯だった日もある。

派遣会社に登録していた頃は、子持ちだという理由でなかなか仕事が決まらず、やっと決まったと思ったら弘明が熱を出す日が続いて、度々仕事を早退して保育園に迎えに行っていたことにより、案の定クビになってしまった。

そんな途切れ途切れの勤め方ではありながら、どうにか今日まで食いつないできたのだ。

そしてある日、バイトでもいいから早く次の仕事を見つけなきゃ……と思っている時、雑誌の広告欄でディズニーシーのキャスト募集を見つけた。

ディズニーシーには、夫が生きている頃一度だけ行ったことがあった。手をつなぎ、「温かい家族を作ろうね」と笑顔で約束したあそこなら、少しは幸せな気持ちで働くことができるかも……。そんなことをふと思い出しながら、応募用紙に記入した。

とはいえ、受からなければ意味がない。面接では、パークの中の勤務よりは人気が低いと思われるパーキングロットキャストを希望し、少しでも合格の確率を上げようと思った。思い出の地で働くことは心の支えになるかもしれないが、それよりも膨らんでしまった借金の返済と、弘明にちゃんとしたご飯を食べさせてあげることを優先にしなければならない。だからこそ、部署はどこでもよかった。

どうにか面接をパスし、希望通りパーキングロットキャストとして働けることとなったものの……夢の国で働くことにより、弘明に余計な期待をさせることとなってしまった。

ミッキーに会える？　ドナルドに会える？　ママは魔法が使える？と、弘明の頭の中で描かれている華やかなイメージを投げかけられ、それを聞くたび私は自分がみじめになる。

最近では、ディズニー好きの金田という男性と親しくなったそうで、キャストについて様々な話を聞かせてもらっていることにより、私に対する弘明の期待がさらに大きくなってきた。勤めて5カ月が過ぎ、周囲とのコミュニケーションや仕事内容にも慣れてきたが、こんな気持ちを繰り返しながら仕事をするなら、いっそ他のバイトを見つけようか……。

そんなことを考えていると、家のチャイムが鳴り、母が弘明を迎えに来た。泣いている弘明を見て「また叱ったのかい？　かわいそうに」と言いながら、お弁当を持って出かけていった。

どうにか無事に送り出したあと、私もすぐに準備をして出勤した。

ディズニーリゾートがある舞浜駅までは、ここから自転車で10分ほどで着くため、時間的にも金銭的にも負担なく通勤している。弘明に何かあってもすぐに帰れる距離というのも、応募した理由の一つなのだ。また、スタッフ全員がおもてなしの教育を受けているだけあって、キャストもみんな優しいし、この5カ月間は本当にあっという間だった。

パーキングロットキャストじゃなければ、もっと楽しく働けたかもしれない……。心の底からそう感じた。

キャストの更衣室に着いた私は、何となくモヤモヤしながらコスチュームに着替え、いつものエリアへ向かった。

すると、何やらパーキング内がザワついている。

近くにいたキャストに状況を聞くと、室内灯をつけっぱなしにしていたゲストの車のバッテリーが上がってしまい、エンジンがかからなくなってしまったという。

そのようなことはよくあるのだが、そういった場合はバッテリーの充電装置を持ったキャストが駐車スペースまで駆けつけて対応することとなっている。

今回も、そのような対応をしたとのことだが、「バッテリーが上がるまで知らせてくれなかった」という怒りをキャストにぶつけ、駐車代を返金するよう理不尽な要求をしているとのことだ。

私は、そんな理不尽な要求をまともに対応する必要はないと思い、それを近くにいた先輩キャストに伝えると、先輩キャストは私の想像を超える言葉を返してきた。

「確かに、ゲストのおっしゃることは理不尽に聞こえるかもしれない。ただ、不快な気持ちを抱いたことは本当だと思うの」

「でも、室内灯がつけっぱなしだったのを見つけたキャストが、『もしバッテリーが上がったら、こちらにお電話ください』と書いたカードを置いておいたんですよね？」

私は、それだけでも充分親切だと思いますけど……」

「だとしても、ここは夢の国だから……。パークの外とはいえ、ゲストがこの敷地を出て、そして家路に着くまでの道のりを笑顔でいてもらうために、私たちはできる限りの気配りをさせていただくのが仕事なのよ」

「私……そこまでやるなんて研修では聞いてませんでした。どうして皆さんは文句も言わずにそんな面倒なことまでやれるんですか？」

「それはやっぱり……ゲストを幸せにすることで、自分自身が幸せな気持ちになるからじゃないかしら」

「自分自身が……幸せに？」

「ええ、たとえ自己満足だと言われても、人を笑顔にすることで自分が幸せになれるなら、それは素晴らしいことだと思うの。もちろん、嫌だな……とか、つらいな……と思う時もあるけど、人の喜ぶ顔を見るとやっぱりワクワクするのよね。おもてなしをすることで、時に、自分の心が洗われることもある……っていう感じかしら」


そう語っていた先輩キャストは、理不尽なゲストに対しても心を込めて対応し続けた。そうした気持ちが伝わったのか、駐車代を返金しろと言っていたゲストも、少しずつ穏やかな表情となり、「ついカーッとなってごめん」と最後は笑顔で帰っていった。

確かに、さっきまであんなに怒っていたゲストが、ふと笑顔を見せた瞬間、周囲のキャストも笑顔になった。私は、あぁ……弘明にもこんなふうに接することができたら、もっと笑顔溢れた生活が送れるかも……と感じた。そうは言っても、簡単に真似のできることではない。きっとみんなは豊かな生活をしているから、心に余裕があるんだ。

そんな考えを巡らせながら担当エリアへ向かっていると、足元がフワっと浮くような感じがして、突然目の前が真っ白になった。

疲労が溜まっていたことにより、軽い貧血を起こしてしまったのだ。

その様子を見ていたリーダーが、大事を取って救護室で休むよう気を使ってくれた。

私はリーダーの心遣いに甘え、念のため救護室で少し休むことにした。

しかし、ベッドで横になったものの、頭の中は不安でいっぱいだった。もしこのことが原因で「やっぱり子持ちは使えない」なんて思われてしまったら、弘明のことを食べさせてあげられなくなってしまう。私はベッドから起き上がり、再びパーキングエリアへ戻った。

　1時間ほど抜けてしまったものの、無事にいつも通りの務めを終えた私は、更衣室へ向かう途中のバックステージで、掃除しているカストーディアルの内海君に出会った。彼は、私と同じ29歳なのだが、高校生の頃からディズニーリゾートでバイトしているとのことで、パークの隅々まで把握している優秀なキャストだ。同じ年ということもあって私たちはすぐに打ち解け、エリアの情報交換などをよくしている。

「内海君、こんなところまで掃除してるなんて……誰かに頼まれたの？」

「いや、そういうわけじゃないけど、最近ここらへんにゴミが落ちてるから、汚れる前に掃除しておこうかなって」

「汚れる前に……掃除しておく？　ゴミを見つけてから掃除するんじゃなくて？」

「そう、床が汚れるのは、汚していい環境を作っている僕たちが原因なんだ。ゴミを捨てにくいと感じるほど床を綺麗にしていれば、汚れることを防げるんだよ」

そう言うと、内海君はほうきをバトンのように両手で回し、「こうすると手首がきたえられるんだ。あ、もちろんゲストの前では見せられないけどね」と言った。私は、単純な質問を彼に投げかけた。

「ねぇ、どうしてそこまで熱心に仕事することができるの？　そんなにがんばったって時給は変わらないし、社員になれる保証だってないし……」

するとと内海君は、笑顔でこう答えた。

「まぁ、僕たちはエンターテイナーだからね。ゲストに喜んでもらうことが、最高の報酬だからさ」

「でも、せっかく綺麗に掃除しても、バックステージじゃゲストにも気づいてもらえないじゃない？」

「気づかれなくていいんだ。というか、気づかれちゃったら、おもてなしじゃなくな

っちゃうから、気づかれない方がいいんだ」

「え？」

「表も裏もない心で見返りを期待しない行動を、『おもてなし』って言うんだよ。相手に気づかれないように気配りするのが『おもてなし』で、相手に気づいてもらうことを前提とした気配りが『サービス』……って、昔ここで教育指導をしていた人のウケウリなんだけどね。それに、スタッフしか通ることのないバックステージでも、綺麗で気持ちいい環境に越したことないでしょう？　そうすることで、きっとみんないつも以上にゲストをもてなしたいって思えると思うんだ」


身に沁《し》みついていると思われるその言葉を、内海君はサラっと語った。

それにしても、表も裏もない心で見返りを期待しない行動で、誰にも気づかれないよう気配りをする……なんて、何だか損をしているように感じるが、どちらにせよ私には真似のできないことだなと感じた。すると、内海君がこんな質問をしてきた。

「美咲さんは、ナイトカストーディアルって知ってる？」

「ナイトカストーディアル？　ええ、まぁ一応……聞いたことはあるけど」

「僕らは、昼の掃除だからゲストと触れ合うことができるけど、ナイトカストーディアルは閉園後の深夜から朝にかけて掃除をするから、本当に誰にも気づかれない環境でパークを掃除するんだ。雪の日の深夜なんて、床が凍ってるから本当に大変らしいよ。昔は、床を凍らせないように、送風機を数十台置いて風を送りながら掃除したんだって」

「送風機を……数十台も？」

「想像つかないよね。僕たちが取りきれなかった床のガムを取ったり、屋根の上を掃除したり……そんな苦労はゲストには見えないけど、見せないことで夢の国は成立してるんだと思う。でも、そんなナイトカストーディアルの人たちも、心から楽しんで仕事をしてるんだって。それ聞いた時、僕たちキャストは本当に魔法使いになれるのかもって思ったよ」

内海君の言葉を聞いて、私は新人研修の日のことを思い出した。

ディズニーランドの新人研修では、「魔法のコツ」というものを教えられる。

例えば、ゲストに次のショーを楽しんでもらうために必要なコツは「いってらっしゃい」と声をかけること。笑顔でゲストを見送ることによって、次のアトラクションへ向かう足取りも軽くなり、景色も美しく感じる。そして一緒にいる人をより一層たいせつだと感じられるからだそうだ。

それと、ゲストが心から「楽しい！」と感じるために大切なのは、「ＳＣＳＥ」という行動基準の魔法が大事だとか。

「ＳＣＳＥ」の『Ｓ』は、Safety（安全）。安全な場所、やすらぎを感じる空間を作り出すために、ゲストにとってもキャストにとっても『安全』を最優先すること。

『Ｃ』は、Courtesy（礼儀正しさ）。すべてのゲストをＶＩＰとして、言葉遣いや対応が丁寧なことはもちろん、相手の立場に立ち、親しみやすく心を込めたおもてなしをすること。

『Ｓ』は、Show（ショー）。あらゆるものをテーマパークのショーの一部とし、身だしなみから施設の点検・清掃などに気を配り、「毎日が初演」の気持ちを忘れずにショーを演じ、ゲストをお迎えすること。

『E』は、Efficiency（効率）。効率を何よりも優先しても、ゲストにハピネスを提供することはできないことから、安全、礼儀正しさ、ショーを心がけ、チームワークを発揮することで、効率を高めること。

それらの頭文字をとったものが「SCSE」で、ゲストに最高のおもてなしを提供するための判断や行動のよりどころ……とのことだった。

本当にそのような行動をキャストたちが実践しているから、ディズニーランドは夢の国と言われるのかも……。私も、パークの中のキャストを務めてみたかったな……と、つくづく内海君がうらやましく感じた。

「いいなぁ、内海君は。私もパーク内のキャストだったら、息子に胸張って『ママは魔法使いなのよ』って自慢できたのに……」

「パークの中も外も関係ないと思うよ。キャストはみんな同じだと思うけどなぁ」

朗らかにそう言うと、内海君はさらにバックステージの奥へと進んだ。

パークの中も外もみんな同じ……とは言っても、駐車場の仕事なんてカッコ悪い。

でも、あの時の私には部署を選ぶ余裕などなかった。とにかく採用されなければ、弘明のことを食べさせてあげられなかったから。


――現在――


いつも通り弘明のお弁当を作って学校へ送り出したあと、どことなく身体が重かった私は大事を取ってお休みをもらった。夫を亡くし、私まで身体を壊してしまったら、弘明に寂しい思いをさせてしまう……。今までだったら無理をしてでも出勤したかもしれないが、冷静に考え、今日は休みをもらうことにした。

そして、念のため病院で診てもらったが、やはり疲労が溜まっていたとの診断で、私は胸をなでおろした。

ついでに夕飯の買い物をすませたのち、気分転換にいつもと違う道で帰ることにした。すると、最寄駅にあるスーパーマーケットの駐車場にて、室内灯がつけっぱなしの車を見つけた。私は、昨日の出来事を思い出した。

このままだと、あの車はバッテリーが上がってしまい、面倒なことになってしまう。大きなデパートならバッテリーの充電装置が用意されているかもしれないが、ここは町内の人が気楽に利用するスーパーマーケットである。もしもあの車の持ち主が不便な思いをすることとなったら……。

ディズニーリゾートでは、ゲストが夢から覚めないよう呼び出しシステムはないが、ここならアナウンスで知らせてくれるかもしれない。そう考えた私は、総合窓口で室内灯がつけっぱなしの車のことを説明し、その車のナンバーと特徴を伝えた。

すると総合窓口の方は、「承知いたしました」と快く承諾してくれ、店内放送を流してくれた。どうか、あの車の持ち主が聞いてくれますように……そう心で願い、総合窓口をあとにした。

せっかくスーパーマーケットの中に入ったので、久々の休日を味わうかのようにフ

ロアをフラッと1周した。何を買うわけでもなく辺りを見ていただけだが、自然とスーパーマーケットの従業員とお客さんのやりとりに目がいってしまう。

ディズニーに勤める前は、むだ遣いをしないために目的の商品を買ってすぐ帰るだけだったが、今は「どんなサービスをしているんだろう」「あ、今のはさりげない『おもてなし』だな」と、自然と接客が気になってしまう。

そんな自分を客観的に見つめながら、私はスーパーマーケットを出た。

そして、念のため室内灯がつけっぱなしだった車を見に行くと……何と、室内灯が消えている。

私は、心の底からほっとした。誰かに気づいてもらうわけでもなく、ましてや礼を言われるわけでもないが、何だかとても気持ちがいい。さっきまで重く感じていた身体も、軽くなった気がする。

そうか、『おもてなし』ってこういうことなんだ。

表も裏もない心で見返りを期待しない行動によって、自分自身が幸せな気持ちになる……って、こういうことだったんだ。

私は、先輩キャストの言葉を思い出した。

『たとえ自己満足だと言われても、人を笑顔にすることで自分が幸せになれるなら、それは素晴らしいことだと思うの。もちろん、嫌だな……とか、つらいな……と思う時もあるけど、人の喜ぶ顔を見るとやっぱりワクワクするのよね。おもてなしをすることで、時に、自分の心が洗われることもある……っていう感じかしら』

その言葉を、何度も頭の中で繰り返した。

次第に、子育ても同じかもしれない……と感じてきた。

子どもを育てるということは、人並みの物や服を身につけさせ、ちゃんとしたものを食べさせてあげることだと思っていた。もちろんそれは間違いではないけど、それだけが「育てる」ということではないのかもしれない。自分自身が豊かな心で楽しみながら子どもを育てることが、本当の育児なのかも……。

もっと弘明と向き合いたい……。もっと時間を作って弘明の笑顔を見たい……。

そのために時間を作るとなると、金銭的には今よりも余裕のない生活となるかもしれないけど、それでも心は豊かに生きられると思う。弘明の喜ぶ顔を見ることで、私も今まで以上に力が湧いてくるかもしれない。仕事も生活も、心から楽しむことができる気がする。

そうだ、弘明の7歳の誕生日は、ずっと前から行きたいと言っていた、ディズニーシーの中にあるホテル「ミラコスタ」で過ごそう。そこで今まで寂しい思いをさせてしまった時間を埋めるかのごとく、たくさんたくさん語り合い、たくさんたくさん抱きしめてあげよう。

先輩キャストが教えてくれた「真のおもてなし」は、母として新たな第一歩を踏み出すための背中を押してくれた。

＊＊＊＊

弘明の母・美咲と会ってから、2カ月の月日が流れた。

その後、パーキングで見た美咲のおもてなしの行動を弘明に伝えると、弘明は「ママかっこいい」と満面の笑みを見せてくれた。「みじめになるからディズニーの話はしないでほしい」と言っていた美咲だが、きっと弘明の目に映る母親はみじめなんかじゃないと僕は確信している。ゲストの安全を守るため、無意識に行動している美咲が、仕事にやりがいを感じてくれる日もきっと遠くはないだろう。

そして今日は、僕自身が大きなやりがいを感じる日でもある。

ある企業のリーダーたちと「おもてなし」の勉強会を開くのだが、何と、僕の卒業したディズニーリゾートで行われるため、まるで母校の教師を務める気持ちというか、この上ない光栄な機会に胸が高鳴っている。

母校とはいえ、僕が卒業した時にはまだ建設されていなかったディズニーシーの中の「ミラコスタ」というホテルなのだが、仕事が終わったあとは家族と宿泊を予定しているため、それも胸が高鳴る理由の一つだ。

ミラコスタでチェックインを終えた僕は、勉強会へ行く前に部屋で少し休もうと思い、エレベーターに乗って宿泊する部屋の階のボタンを押した。するとその直後、ダッフィーを抱きしめながら下を向いている少年がエレベーターに乗り込んできた。

「ぼく、何階へ行くのかな？」と聞くと、その少年は「何階でもいい」と答えた。

その声に何となく聞き覚えがあり、少年の顔をよく見てみると、何とその子は弘明だったのだ。


「弘明……君？」

「金田のおじちゃん……」

「こんなところで、何してるんだい？」


僕は、弘明と同じ目線までしゃがみ、肩にそっと手を当てた。しかし、弘明は口をつむったまま、下を向いている。

ひとまず、「ロビーへ行こうか」と僕が言うと、「だめ！　ママに見つかっちゃう！」と言ってエレベーターを降りようとしたので、ホテルの外へ飛び出して事故にでもあわないよう、とりあえず僕の宿泊する階まで一緒に行くことにした。

僕がポケットの中に入れておいたチョコレートの粒を取り出して渡すと、弘明は「ありがとう」と言って受け取り、包み紙を開いて小さなチョコレートを口に入れた。口の中で甘いチョコレートが溶けると共に、弘明はぽつりぽつりと事情を話し始めた。


「金田のおじちゃん、ぼく……ママに怒られてばっかりなんだ」

「ママに……怒られてる？　弘明君が？」

「うん、きっとぼくなんていない方がいいんだよ」

「どうしてそう思うんだい？」

「だってさ……ぼくがいると、ママは我慢してばっかりだから。お仕事だって、本当はパーキングなんてやりたくなかったって、いつも言ってるし……さっきだって……」

弘明の話によると、前々から来たいと言っていたミラコスタへ連れて来てくれた美咲に、少しでもお礼がしたくて紅茶を入れてあげようとポットでお湯を沸かしたものの、それを倒してしまったという。さらに、部屋に飾っておいた父親の写真立てにそのお湯がかかってしまったことで、美咲に叱られると共に弘明自身も大きな責任を感じ、部屋を飛び出してきてしまったとのこと。

ささいな親子ゲンカとはいえ、せっかく連れて来てもらったホテルでこのような問題を起こしてしまい、今の弘明にとっては立ち直れないくらい傷ついているのだろう。

すると、抱えているダッフィーを強く抱きしめながら、弘明は真意を語り出した。

「ぼくがママを守らなきゃいけないのに……」

「ママを……守る？」

「そう、天国にいるパパとの約束なの。男の子はお母さんを守るために生まれてきたんだって、一緒にお風呂に入った時教えてくれたの」

そう言うと、弘明の瞳から涙がこぼれた。きっと、その約束を守るために今まで甘えることをずっと我慢していたのかもしれない。こんな小さな子が、母親に甘えたい気持ちを抑え、一生懸命ママを守ろうとしていたのだ。しかし、弘明なりの真のおもてなしが裏目に出てしまったことで自分自身にやるせなさを感じ、涙が溢れてきたのだろう。

弘明の優しさをそっと見守っていたエレベーターは、僕の宿泊する階で止まると、おどけたミッキーの声で到着を知らせてくれた。

泣いていた弘明は、エレベーターに住むミッキーになぐさめられ、一瞬いつもの「少年の顔」に戻った。

そして僕は弘明と共にエレベーターを降り、廊下の隅でひざの上に弘明を乗せ、頭をゆっくり撫《な》でながら感じたままのことを伝えた。

「弘明君、よくがんばったね。ずっとパパとの約束を守り続けてきたんだね。弘明君はとってもえらいよ。もう充分がんばったから、思いっきりママに甘えていいからね」

すると弘明は、こらえていた涙を一気に流しきるように、声を出して泣き始めた。そして泣くだけ泣いたらすっきりしたのか、「どうしよう……ママ怒ってるかな」と、自分が勝手にいなくなってしまった現状を心配していた。

「大丈夫、怒ってないよ」と言ったものの、どうしても不安が抜けない表情をしている。僕は、教育指導をしている頃いつもキャストに言っていることを弘明に伝えた。

「弘明君、ママが怒ってるかどうか、おもてなしの神様に聞いてみたらどうだろう?」

「おもてなしの……神様?」

「ああ、そうだよ。おもてなしの神様っていうのは、誰にも気づかれないように人を幸せにする神様なんだ。その神様は、みんなの心の中に必ずいるから、困った時や悩んだ時、表も裏もないまっすぐな心で質問すると、おもてなしの神様は答えを教えてくれるんだよ」

「誰にも気づかれないように人を幸せにする神様……？　例えば、どんなふうに？」

「そうだなぁ、ディズニーランドで例えると……ホーンテッドマンションて知ってる？」

「うん、知ってる。丸い乗り物に乗って進むお化けやしきだよね？」

「そうそう、そのお化けやしきの外に、鉄でできているとがった門があるのは見たことあるかな？」

「ある！　ずっと前おばあちゃんと行った時、すっごいこわくて中に入れなかった……」

「そうだね、あの入り口はちょっとこわいよね。でも、あの鉄の門の先っちょは、本当は全然こわくないんだ」

「先っちょが……こわくない？」

「そう、あの鉄の門の先っちょは、じつはゴムでできてるんだよ」

「え!? ほんとに!?」

「本当さ、今度またディズニーランドへ行った時にさわってごらん。グニャッと曲がるから……。弘明君、それが『おもてなし』だよ。とがった鉄の先を、誰にも気づかれないようにゴムで作ることによって、ケガをする人がいないよう気配りをしているんだ。一見、こわそうに見えても本当は優しい……。弘明君のママも、同じじゃないかな。怒っているように見えても、本当は弘明君のことが大好きなんだと思う。心配したり、大人になってもらいたかったり……、きっと弘明君に気づかれないように、弘明君のことを幸せにしようとしてるんじゃないかな」

「怒っているように見えても、本当は優しい……?」

「そうだよ、それにママはパパの写真が濡れて怒ったんじゃなくて、弘明君が火傷したらどうしようと心配して怒ってしまったんじゃないかな」

「……」

「ママを守るというパパとの約束、きっと未来の弘明君なら叶えられるよ。だから、焦らなくていいんじゃないかな。ミッキーは、ダッフィーがいつも一緒にいてくれることで、長い長い航海も乗り越えられるように、弘明君のママも、弘明君が一緒にいてくれるだけで充分励まされてると思うよ」

「ダッフィーと……ミッキーみたいに？」

「ああ、そうだよ。だから、今ごろママは心配してるよ。ママにとっての大切なダッフィーがいなくなっちゃって…さ」

いつの間にか泣きやんでいた弘明は、僕のひざから降りると、「金田のおじちゃん、ありがとう」と言い、何かが吹っ切れたかのように凛《りん》とした表情をしていた。

僕は弘明の小さな手をひいて美咲の待つ部屋の前まで送った。

＊＊＊＊＊

なけなしのお金を叩《はた》いて、ようやくホテル・ミラコスタへ泊まりに来たというのに、ささいなことで私はまた弘明を叱ってしまった。

私を喜ばせようとしてお湯を沸かしてくれた弘明の気持ちは分かっているのに、こぼしてしまったことで驚いて、つい大きな声を出してしまったのだ。

もしも弘明に火傷を負わせてしまうようなことになったら……と、天国にいる夫に申し訳ない気持ちでいっぱいになった。

そして弘明が部屋を飛び出したあと、私もすぐに追ったものの、すばしっこい弘明の姿はどこにも見当たらなかった。念のため、通りかかったベルボーイに事情を説明し、弘明の特徴を伝え、見かけたら部屋に連れて来てくれるようお願いした。ホテル・ミラコスタは、すぐさま迷子捜索の手配をしてくれた。

「(あの子は、きっと戻って来てくれる。何週間も前から楽しみにしていたし、私が怒ったのは弘明を愛しているからだと、冷静になればきっと気づいてくれる……)」

私は心配で押し潰されそうな気持ちを抱えながら再び部屋に戻り、今、私にしかできないことを努めようと思った。

そう、ここはディズニーリゾート、パークと同じなんだ。きっとパークの中のキャストなら、魔法を使ってアクシデントをなかったことにしてくれるだろう。

私は、部屋に置かれてあったタオルやドライヤーを使い、弘明がこぼしたお湯や倒してしまったポットをなかったことのように掃除した。時間を巻き戻すかのように完璧に片づけ、弘明が戻って来る前にすべてを元通りにしようと努めたのだ。

するとその直後、部屋の電話が鳴り、弘明が見つかったという連絡が入った。その連絡を受けた数十秒後、不安そうな顔の弘明が帰って来た。

そして申し訳なさそうに一歩一歩部屋の中へ入ると、何事もなかったかのような部屋の様子を見て、「あれ?」という顔をしたと思いきや、次の瞬間パっと明るい表情に変わった。


「す、すごい……ママ、もしかして魔法を使ったの?」

「え? 何のこと? ママは何もしてないわよ?」

私は弘明を思いっきり抱きしめ、火傷をしなくてよかった……と無事だったことに心から感謝した。そして「怒ってばっかりでごめんね」と弘明の耳元につぶやいた。

すると弘明は、「ぼくこそ、ごめんね」と言ったあと、私の顔を見上げてこんなことを語った。

「やっぱりママは、おもてなしの神様だったんだね」

「おもてなしの……神様？」

「うん、だっていつもぼくに気づかれないように、ぼくのことを幸せにしてくれてるでしょう？　だから、ママはおもてなしの神様なんだよ」

私たちは再び抱きしめ合い、幸せに向かって心を一つにした。それと同時ににぎわっていたパークは閉園を迎え、からっぽのおもちゃ箱と化した。

私と弘明はベッドの中で向き合いながら夜遅くまで語り続けた。保育園の時、おゆうぎで先生に褒められたこと、遠足でおにぎりを落としてしまったこと、隣の席のユ

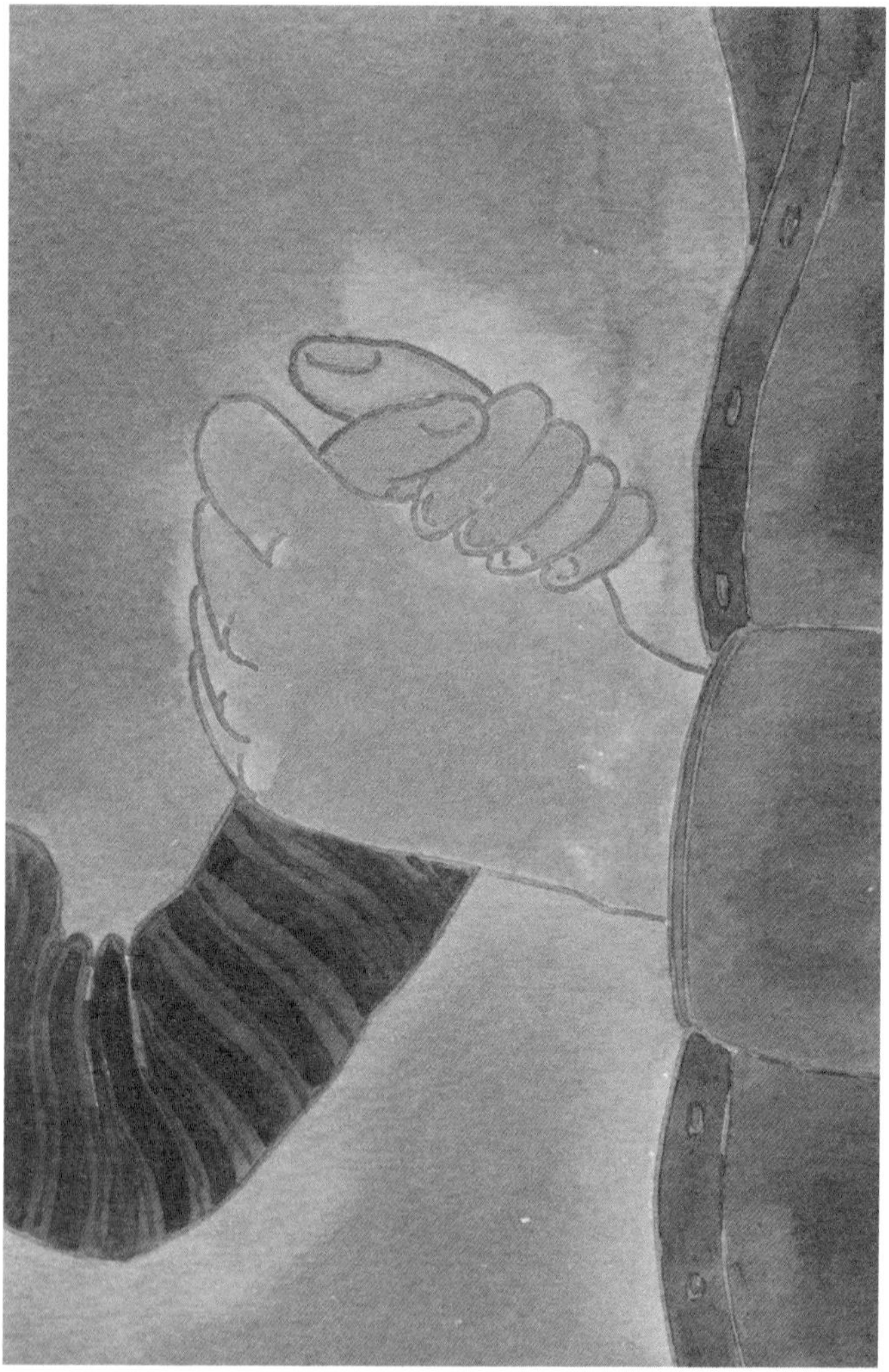

イちゃんに恋をしていたこと、小学校の入学式で上手に名前が書けたこと、今まで心に余裕を持つことのできなかった時間を埋めるべく、私たちは会話を重ねた。

すると、パークが閉園して間もなくした頃、再び窓の外から何やら人の話し声が聞こえてきた。

弘明と共に部屋の窓から外を眺めると、内海君が言っていたナイトカストーディアルの人たちが活動し始めたのだ。

「ママ、あの人たちカッコイイ！　おそうじしてるだけなのに、パレードのダンサーみたいに輝いて見えるよ！　ねぇ、ママにもそう見える？」

弘明が言う通り、その光景は一気に眠りが覚めるほど刺激的だった。

きらびやかなネオンとは違い、作業的な光に照らされているものの、ナイトカストーディアルたちはまるで舞台の上で主役を演じるかのようにイキイキと輝いている。

路面にこびりついた汚れを懸命にそぎ落としている姿は、見返りを求めないおもて

なしそのものであると共に、内海君が言っていたように立派なエンターテイナーの姿だった。

キャストである私たちは、パークの中とか外とか、開園前とか開園後とか関係なく、ディズニーという舞台で一丸となってゲストの幸せを願えば、本当に魔法使いになれるのかもしれない。表も裏もない気配りをすることによって、ゲストに魔法をかけられるのかも……。私は、心の奥底まで揺さぶられた。


そして「パーキングロットキャストだからこそできること」は何だろう……と考えた。

ゲストの笑顔と期待を一番最初に迎えるパーキング……。

パークを楽しんだゲストを一番最後に見送るパーキング……。

そうだ、ゲストと同じ気持ちで迎え、同じ気持ちで見送ればいいのかもしれない。

ワクワクしているゲストには、私もワクワクした気持ちで迎え、ちょっと遊び足りないと感じているゲストには、次はさらに楽しんでもらうことを願いながら見送り、そのようにゲストと気持ちを共有することで、私なりの魔法を使えるようになるかもしれない。ゲストを幸せな気持ちへ導く魔法が使えるようになるかもしれない。

そうしていくうちに、仕事を通じて「やりがい」や「誇り」を持てるようになり、弘明のことも今より幸せにすることができるかもしれない。

心の底からそう感じた時、弘明が私の手をぎゅっと握ってこう言った。

「こんなに一生懸命おそうじしてくれてるから、ゲストはみんな幸せな気持ちになるのかもね。ぼく……あそこで働きたい。ぼくもゲストを幸せにするお仕事がしたい！」

ナイトカストーディアルを見つめる弘明の瞳は、キラキラと輝く小さなエンターテイナーの目をしていた。私は、怒ってばかりの母親を卒業すると自分に誓うと同時に、弘明を抱きしめながら新たな夢を語った。

「ママね、叶えたい夢が見つかったの。弘明、ママの夢を応援してくれる？」

「うん、いいけど……ママの夢ってなぁに？」

「弘明がいつか車の免許を取ってたいせつな人とディズニーシーへ訪れたら、ママが最高にカッコよく弘明の車を迎えてあげたい！っていう夢……。だから、時々寂しい思いをさせてしまうこともあるかもしれないけど、ママの夢を応援してくれる？」

するとと弘明は、私の腕の中で満面の笑顔を見せてくれ、こう言った。

「ママの夢、絶対に叶うよ！　だって、ママはおもてなしの神様だし、それに……ぼくにとっては世界にひとりの魔法使いだもん！」

私は、この日を絶対に忘れない。

過去の自分から卒業し、新たな未来へ一歩前進したこの日を、私は絶対に忘れない。

途中、立ち止まってしまうことがあったとしても、この日の光景を思い出し、私たちは前進し続ける。天国で見守ってくれている夫の分まで、私たちは幸せになる――。

腕の中ですっかり眠ってしまった弘明を優しく抱きしめ、私は再び自分に誓った。

*

ゲストにハピネスを提供しているディズニーランドは、開園した時から形を変えて成長し続けている。

それは人の手で作られたアトラクションや空間だけではなく、ゲストとキャストのコミュニケーションの形にも、その変化は現れているのだ。

例えば、開園当初はカメラを手にしているゲストに「シャッター押しましょうか?」と話しかけても、キャストとのコミュニケーションを恥ずかしがり、素通りされることもしばしばあった。パレードでも、現在のようにゲスト参加の振り付けを積極的に踊るようなこともほとんどなかった。

しかし、キャストが表も裏もない心で見返りを期待しない行動を取り続けたことにより、『おもてなし』という名のカギがゲストの心を開いていったのだ。

ゲストの心だけではなく、キャスト同士の心の扉を開くカギにもなった。

そして、パーキングロットキャストの美咲もそのひとりだ。つらく悲しい過去により、自分自身の笑顔を失いかけていたものの、おもてなしという名のカギによって心を開き、一歩前進することができた。愛する息子の幸せを守るため、彼女は自分の中の「おもてなしの神様」と無意識に語り合い、そして仕事に対しても誇りを持つことができたのだ。ウォルトのメッセージにも、このような表現で伝えられている。

『仕事をうまくこなすためには、やってあげたいと思う誰かがいることが大切である。

人生の素晴らしい瞬間というのは、自分一人のためよりも、愛する者たちのために行ったことに結びついている』

世の中のすべての人が愛する者たちを想い、見返りを期待しない行動に努めたら、おもてなしに包まれた「夢の国」が現実で作れるのではないだろうか。

ウォルトが願っていた、人間本来の姿で人々が認め合う世界を作ることができるだろうか。

僕は、自分の中のおもてなしの神様に問いかけた。

すると、僕の中のおもてなしの神様はこう答えた。

来客者にお茶を出そうとする条件反射は、日本人ならではの『おもてなし』の心と言える。すでに『おもてなし』の心が幼い頃から根付いている日本人が先頭をきって、世界に真のおもてなしを広めていこう。

居心地のよさを感じた時、そこには必ず人の「想い」が込められている。

使いやすい物に出会った時、そこには必ず人の「手」がかけられている。

僕たちは、気づかないところで必ず『おもてなし』をされているのだ。

すべてが「行動」から始まるおもてなしは、目の前の人を家族のように扱い、表も裏もない心で愛することによって成立する。

日本人として生まれた僕たちは、根付いている心遣いを誇りとし、そしておもてなしの継続を「ただの理想」と割り切ってあきらめてしまわれないよう、ひとりでも多くの人に実行してもらうことを願い、今日も魔法のコツを広め続けよう。

今日の一歩が、明日の笑顔を作るから――。

明日の笑顔が、幸せな未来へ導いてくれるから――。

おわりに――私たちを本当に満たしてくれるもの

本書は、ディズニーの神様シリーズ『ディズニー そうじの神様が教えてくれたこと』『ディズニー サービスの神様が教えてくれたこと』『ディズニー ありがとうの神様が教えてくれたこと』につづく、第4弾。

全国の多くの方からいただいた「ディズニーの神様、お話のつづきが読みたい！」という声にお応えして送り出すことにしたものです。

2013年に東京ディズニーランドは開園30周年を迎えましたが、リピート率9割以上を誇り、テーマパークとしてはおそらく日本一顧客満足度が高い**ディズニーの、いちばんの秘密こそ日本の「おもてなしマインド」**だということは、あまり知られていないかもしれません。

ディズニーといえば、高いレベルの「サービス」をイメージされる人も多いことでしょう。ですが「サービス」というのはゲストとキャスト双方が「気づいている」もの。

そうではなく、誰にも「気づかれないように」そっと気を配る。見返りを考えるのではなく、ただ誰かに心地良いハピネス（幸福感）を届けたい。気持ちのいい思いをして、ここに来て良かったと思ってもらいたい――。

そんな、日本人なら誰もが、ごく自然に受け継いでいる「おもてなし」を現代ふうに昇華《しょうか》させ、老若男女問わず心を開かせていったのは、じつはディズニーの「ゲストとキャスト」たちです。

「1ドルを稼ぐのを目的に働いてはいけない。何かを生み出すため、心から楽しむために働くんだ」

――ウォルト・ディズニー

ウォルトの言葉は、『おもてなしの神様』と一緒に、いまもパークにイノセント（純粋無垢）な笑顔を運んでくれます。多くの方が知らない、決して気づくこともないような場所や場面にもディズニーの『おもてなしの神様』は現れます。

さらには、ディズニーのおもてなしを体験し、『おもてなしの神様』に触れた人は、ふしぎなほどパークの外の世界でも、こんどは自分自身の理想とするホスピタリティを誰かに届けようとするのです。そう、たとえ気づかれることがなくても。

誤解を恐れずに言えば、ディズニーのおもてなしがなければ、また、それを体現し、心から笑顔になるゲストとキャストがいなければ、今の日本の表情は少し違ったものになっていたかもしれません。世の中が変化しても、まだ日本には、人が人に対して表裏なく、優しくなれる心が生きているのですから。

なぜ、世の中を少し良くするほどの力がディズニーにはあるのか。

『おもてなしの神様』の本当の居場所とは――。

きっと、この物語を読み終わった皆さんは、もうすでに、その秘密の居場所のカギを受け取っていることでしょう。

そして、それだけでなく『おもてなしの神様』から授かったカギを使って、気づかれないように、そっとまわりの人たちを心地良くしたくなっているはずです。


最後に、『ディズニー そうじの神様が教えてくれたこと』『ディズニー サービスの神様が教えてくれたこと』『ディズニー ありがとうの神様が教えてくれたこと』同様、本書を著すにあたり、このうえないパートナーとなった瀧森古都さんのイマジネーションに敬意を表すると同時に改めて深く感謝したいと思います。

また、編集協力いただいた、ふみぐら社さん、本という素敵な贈り物に仕立てていただいたデザイナーの長坂勇司さん、人の温もりにあふれるイラストを描いていただいたイラストレーターあさのけいこさん、弊社スタッフの白石照美さん、シリーズの生みの親とも言えるSBクリエイティブ編集長の吉尾太一さんにも、心からの感謝を届けたいと思います。

そして、人を思う心を持つ、すべての皆さんと、これからも表裏のないハピネスを
この世界に届けていけることを願って。

参考文献

『ウォルト・ディズニーがくれた夢と勇気の言葉160』（ぴあ）
『ウォルト・ディズニー 夢をかなえる100の言葉』（ぴあ）
『ディズニーの絆力』（アスコム）
『ウォルト・ディズニー すべては夢みることから始まる』（PHP研究所）

※本書は筆者自らの経験に基づいて創作された物語であり、実在の人物・団体とは関係がありません。

鎌田 洋（かまた ひろし）

1950年、宮城県生まれ。商社、ハウスメーカー勤務を経て、1982年、(株)オリエンタルランド入社。東京ディズニーランドオープンに伴い、初代ナイトカストーディアル（夜間の清掃部門）・トレーナー兼エリアスーパーバイザーとして、ナイトカストーディアル・キャストを育成する。その間、ウォルト・ディズニーがこよなく信頼を寄せていた、アメリカのディズニーランドの初代カストーディアル・マネージャー、チャック・ボヤージン氏から2年間にわたり直接指導を受ける。その後、デイカストーディアルとしてディズニーのクオリティ・サービスを実践した後、1990年、ディズニー・ユニバーシティ（教育部門）にて、教育部長代理としてオリエンタルランド全スタッフを指導、育成する。1997年、(株) フランクリン・コヴィー・ジャパン代表取締役副社長を経て、1999年、(株) ヴィジョナリー・ジャパンを設立、代表取締役に就任。著書に『ディズニー そうじの神様が教えてくれたこと』『ディズニー サービスの神様が教えてくれたこと』『ディズニー ありがとうの神様が教えてくれたこと』（以上、ＳＢクリエイティブ）、『ディズニーの絆力』（アスコム）がある。

ディズニー おもてなしの神様《かみさま》が教《おし》えてくれたこと

2014年3月28日　初版第1刷発行

著者　鎌田 洋
発行者　小川 淳
発行所　ＳＢクリエイティブ株式会社
〒106-0032　東京都港区六本木2-4-5
電話 03(5549)1201（営業部）

装丁・本文デザイン　長坂勇司
イラスト　あさのけいこ
取材・構成　瀧森古都
編集協力　ふみぐら社
編集担当　吉尾太一
組版　朝日メディアインターナショナル株式会社
印刷・製本　中央精版印刷株式会社

ISBN978-4-7973-7607-4